ÉTUDES
DE
THÉODICÉE

PAR

J.-B. TISSANDIER

PROFESSEUR DE PHILOSOPHIE A LA FACULTÉ DES LETTRES DE DOUAI

PARIS
LIBRAIRIE PHILOSOPHIQUE DE LADRANGE
RUE SAINT-ANDRÉ DES-ARTS, 41.

1869

ÉTUDES

DE

THÉODICÉE.

OUVRAGES DE L'AUTEUR

Esprit de la poésie et des beaux-arts, ou Théorie du Beau. 1 volume in-12.   3 fr. 50 c.

Des sciences occultes et du spiritisme. 1 volume in-12.
                                           2 fr. 50 c.

Pour paraître prochainement :

L'homme physique et l'homme moral, ou Études de psycologie et de physiologie comparées. 1 volume.

ÉTUDES

DE

THÉODICÉE

PAR

J.-B. TISSANDIER

PROFESSEUR DE PHILOSOPHIE A LA FACULTÉ DES LETTRES DE DOUAI.

PARIS
LIBRAIRIE PHILOSOPHIQUE DE LADRANGE
RUE SAINT-ANDRÉ-DES-ARTS, 41.

1869

SAINT-CLOUD — IMPRIMERIE DE Mme Ve BELIN.

PRÉFACE.

Il est difficile, quand on se tient au courant des débats contemporains sur l'homme, sur Dieu, et sur la Nature, de n'être pas ému et tenté de se jeter dans la mêlée. C'est le rôle et le devoir des professeurs de Faculté, au moins autant que c'est leur devoir et leur rôle de préparer aux examens. Pour eux, prendre part aux graves discussions qu'agite notre époque, c'est bien employer, ce nous semble, les prétendus loisirs que l'Etat leur fait.

Nous nous sommes souvent demandé à quoi tenait tant de divergence dans les opinions; s'il n'y avait pas quelques malentendus, ou quelque erreur de méthode à l'origine de tous ces débats. Voici ce que nous avons cru remarquer.

On a traité quelquefois la métaphysique

comme une véritable mathématique dont les notions abstraites sont l'unique objet. La Substance, l'Être, l'Absolu, l'Inconditionnel, l'Idée, voilà les mots avec lesquels on a construit bien des systèmes. Ces mots, pourtant, ne représentent absolument rien de réel. Aussi, voici ce qui est arrivé : parmi les métaphysiciens les uns sont restés dans des généralités qui n'avaient rien de commun avec ce qui est ; d'autres, abandonnant les régions élevées où ils s'étaient placés, ont dû admettre que l'abstrait arrivait par des gradations insensibles à se réaliser dans le concret. Ne rien expliquer de ce qui existe, puisqu'on le dénature, ou, pour l'expliquer, avoir recours à ce réel et à ce concret, qu'on avait d'abord dédaigné, voilà l'alternative.

C'est l'abstraction qui a tout perdu. C'est elle qui, au lieu de voir la matière telle qu'elle est, tantôt en sépare cette propriété qu'on appelle l'*étendue*, dont doit s'occuper spécialement la géométrie; tantôt ne nous la présente que comme une *force* qu'étudie la mécanique. Mais, ni la Géométrie, ni la Mécanique n'ont la matière pour objet. Nous avons montré tant dans notre chapitre III, que dans notre chapitre XI, qu'en adoptant l'explication ancienne, ou l'explication nouvelle, qui se concilient, il faut reconnaître, avec Büchner : *Qu'il n'y a pas de force sans étendue, ni d'étendue sans force,* quand il s'agit de la matière. Car la conscience affirme qu'il se trouve en nous une force qui a l'initiative de ses actes, qui peut recevoir les impressions de la matière, mais agit, à son tour, volontairement sur elle. En appeler sans cesse à l'expérience interne, au témoignage de la conscience, voilà ce que la Philosophie ne doit jamais oublier. C'est ainsi seulement qu'une Psychologie et une Théodicée auront toute la solidité qu'elles comportent.

Au lieu de débuter par de vagues généralités sur l'Être et le Devenir, la Théodicée se rappellera ces mots de Descartes, à propos de l'idée de Dieu : « De cela seul que cette idée se trouve en moi, et que je suis ou existe, moi qui possède cette idée, je conclus évidemment l'existence de Dieu. » Paroles pleines de bon sens dont ce philosophe ne s'est pas toujours assez souvenu.

Je pense Dieu, et j'existe, voilà deux propositions qu'il ne faut jamais séparer parce qu'elles sont indissolublement liées l'une à l'autre. Dieu ne commence pas à être parce que je le connais, mais il n'existe pour moi qu'autant que je le conçois ; il ne dépend pas de moi pour être, mais pour être connu. C'est la certitude de mon existence qui fait la certitude de l'existence de Dieu.

Voilà, je crois, en quels termes le problème doit se poser et se discuter : voilà dans quel esprit cet ouvrage a été écrit. S'il nous était permis de finir par où a commencé un homme de beaucoup d'esprit, nous dirions au lecteur : *Ceci est un livre de bonne foi,* ce qui est fort important en cette matière ; mais nous aimons mieux qu'il se prononce quand il sera à la dernière page.

Douai, 1er juillet 1869.

INTRODUCTION

CONSIDÉRATIONS SUR LA THÉODICÉE CONTEMPORAINE.

Si la vérité sur Dieu dépendait d'un ou de plusieurs syllogismes, comme la proposition du *carré de l'hypothénuse*, si elle admettait l'irrésistible évidence et l'inébranlable certitude de ce théorème, on ne verrait pas, à chaque instant, tant d'hésitations volontaires, ou de répugnances intéressées. Mais les vérités de l'ordre moral n'ont jamais présenté ce degré de clarté et d'évidence, je ne dis pas de certitude, que ne peuvent manquer d'offrir les mathématiques à une intelligence assez ouverte pour les comprendre. La croyance aux vérités morales se forme de la réunion de deux choses : l'acquiescement de l'esprit et l'adhésion du cœur. Le génie de Pascal, si vif et si pénétrant pour les sciences exactes, ne s'y est pas trompé. Il a dit, mieux que nous ne pourrions le faire, la part que la sensibilité a toujours dans nos croyances les plus fermes. Pour beaucoup d'intelligences, qui excellent dans les rigueurs de la logique, que l'ordre et l'enchaînement charment et subjuguent, ce caractère des vérités de l'ordre moral est une irrémédiable infériorité de la science de l'homme ; pour d'autres c'est la marque d'une supériorité incontestable. Ils pensent que le domaine de ces vérités est plus vaste ; que la vie y est plus variée et plus mystérieuse ; qu'il demande à celui qui le cultive plus de pénétration et plus de désintéressement. L'homme s'aime autrement qu'il n'aime un monde d'abstractions, ou bien la nature physique : c'est cet amour même qui est pour le philosophe une source d'illusions et d'erreurs. Ajoutons que, lorsqu'il s'agit de notre attachement aux idées morales, il y a toujours quelque chose de volontaire, dans la mesure où nos sentiments peuvent l'être. Il n'y a personne de nous qui ne connaisse l'empire que la volonté peut avoir sur nos affections, non point seulement pour les réprimer et les contenir, mais pour en changer absolument le cours, pour nous rendre aimable ce qui nous était odieux, amer ce qui nous était doux, et pour faire plusieurs merveilles de ce genre. Le fait psychologique de la *conversion* n'est pas autre chose. Or, qui ne comprend que si l'amour des vérités morales est volontaire en quelque façon, nous avons le mérite, le plus incontestable des mérites, peut-être, celui de nous y tenir attachés et par l'esprit et par le cœur? De sorte qu'au lieu de voir dans cette condition qui est faite aux sciences morales une infériorité sur les sciences exactes ou naturelles, il y faut voir une de ces délicatesses infinies de la Providence qui a voulu ménager les susceptibilités d'un être libre en ne donnant rien d'irrésistible à la croyance, et en permettant à l'homme de la regarder comme son œuvre, et de s'en glorifier.

Au point de vue de leur action sur l'esprit humain, les sciences morales, la Théodicée surtout, ne ressemblent point aux mathématiques, j'ajouterai qu'elles en diffèrent par la méthode. Quand il s'agit de Dieu, on est dans l'habitude d'employer un grand mot que je voudrais voir banni de la Théodicée, c'est le mot de *démonstration*. Une démonstration suppose toujours des prémisses, dont la conclusion découle naturellement. Or, il y a une règle que vous connaissez tous : c'est que ces prémisses, la conclusion ne doit jamais les dépasser. Quelles sont donc les prémisses de tout raisonnement sur l'existence de Dieu? — Les jugements que nous portons sur un ensemble de phénomènes qui se produisent et se succèdent dans un ordre régulier; ou encore l'idée que nous nous faisons d'une nature supérieure au monde physique, j'en conviens, mais pleine d'imperfection et de néant, je veux dire la nature humaine. Telles sont, en réalité, nos prémisses. Or, vous avouerez que la conclusion : *donc, Dieu existe*, dépasse les prémisses, et les dépasse infiniment.

Sans les justifier, on peut expliquer ces habitudes de langage, en signalant la méprise qu'elles supposent. On dit, en effet : une suite, un enchaînement de causes contingentes ne peut avoir en soi sa raison d'être, son principe d'ordre; donc, il faut chercher ce principe ailleurs, au-dessus de ces natures bornées, dans un Être nécessaire, indépendant, absolu, Moteur universel, sans être mû lui-même par rien d'égal ou de supérieur. Ce *donc*, ici fait illusion : il donne à cet ensemble de propositions l'air d'un raisonnement, et ce n'en est pas un. Quand nous jetons les yeux sur le monde physique nous y découvrons partout le mouvement et la vie ; partout nous voyons les individus, pour arriver à leur fin, suivre les voies les plus propres à les y conduire ; si chacune des parties des êtres que nous étudions, n'est point une œuvre achevée et accomplie, elle suffit à la fonction qu'elle doit remplir : toutes ces harmonies particulières concourent et conviennent admirablement à l'harmonie générale. C'est là ce que la science nous enseigne et nous explique sans sortir de ce que vous appelez des *causes secondes*. Quelles lacunes voyez-vous donc dans ses explications, quel *desideratum?* Ouvrez un livre de physique, rendez-vous compte des expériences, vérifiez les calculs, et dites si vous n'avez pas lieu d'être satisfaits? Le mot *causes secondes*, qui vous embarrasse, appartient à la Théologie ou à la Théodicée : le physicien ne parle que de *forces* et d'*agents*, et ces termes lui semblent assez clairs pour exprimer sa pensée.

Pourquoi toutefois ce mot : causes secondes? Pourquoi dit-on : Le contingent ne peut se suffire à lui-même, ne peut être sa cause? Ce n'est pas l'expérience qui parle ainsi ; ce n'est pas l'observation qui tient ce langage ; ce n'est pas le calcul qui nous mène à ces résultats. Ce besoin invincible d'aller chercher ailleurs que dans le contingent le principe et l'origine du contingent, vient donc d'un autre moyen de connaître, d'une autre faculté? — Il y a, en effet, dans l'entendement une aspiration naturelle à sortir du contingent; on y sent un invincible parti-pris de voir partout l'absolu, l'infini, le nécessaire. De sorte qu'on peut dire qu'il ne conclut pas de l'imperfection des êtres finis à la nécessité d'une cause infinie, mais, au contraire, qu'il reconnaît le néant des choses finies parce qu'il a toujours présente l'idée de l'absolu et du parfait. Ce qui nous est donné par l'expérience ce sont, non pas des êtres *finis*, mais des êtres animés ou inanimés; nous n'ajoutons le terme *finis*, qu'au moment où la notion de l'infini éclaire notre intelligence. Qu'on veuille bien y réfléchir, les mots : *fini, relatif, contingent*, qui reviennent si souvent dans la métaphysique, n'ont un sens pour nous qu'autant que nous concevons l'infini, l'absolu, le nécessaire; ces trois dernières idées sont la condition logique, sinon chronologique, des trois premières. Ainsi, ce n'est pas à la méthode démonstrative que nous devons la notion de Dieu, mais à une intuition pure de la raison. La raison seule est douée de cette vertu de transcendance, refusée à toutes les autres facultés. C'est donc à elle qu'il faut nous adresser. Démêler, à l'aide de l'analyse psychologique, les notions rationnelles, que l'on confond souvent avec toutes les autres; prouver par quelques exemples que cette confusion produit la diversité des opinions sur Dieu, voilà l'objet de cette introduction. Dans cet ouvrage, nous étudierons les principales idées nécessaires, celles de causalité, de finalité, et la notion de l'infini, puis nous montrerons que ces vérités premières ne peuvent s'expliquer sans un Être, cause, origine et fin de tout ce qui est.

La pensée humaine peut se diviser en trois régions bien différentes : la région des sens et de l'imagination, la région des idées abstraites, et la région de la raison pure. Nous n'avons à nous occuper ici que des deux premières, puisque c'est d'erreurs qu'il s'agit, et non de vérités.

Les sens ne nous fournissent sur Dieu aucune information, ou ne nous en fournissent que d'incomplètes. Presque tout ce que les enfants savent sur Dieu, ils le tiennent de ceux qui les entourent. Il n'y a personne qui n'ait remarqué combien ils comprennent peu, quand on leur parle de quelque chose d'immatériel, à la fois, et de fort : combien ils cèdent vite au penchant qui les entraîne à toujours donner un corps à l'idéal. Leurs réponses montrent toutes les transformations qu'ils font subir aux idées sérieuses qu'on veut éveiller en eux. J'ai en mémoire un certain nombre de ces réponses, si ridicules que je ne puis me permettre d'en égayer mon lecteur. On comprend pourquoi J.-Jacques défendait de parler de Dieu aux enfants, avant l'âge de 15 ou 16 ans : on le comprend, sans l'approuver. En étendant cette observation, on peut l'appliquer aux commencements des sciences et des lettres. La philosophie grecque a longtemps bégayé sur Dieu : il suffit d'ouvrir les fragments des plus anciens philosophes, qu'on a conservés, pour voir que de graves puérilités ils contiennent. Ainsi les opinions vulgaires, et celles des premiers savants nous prouvent que les sens sont peu capables de nous instruire sur la nature de Dieu.

Quand aux sens vient s'ajouter une imagination riche et active, quand le cœur s'éveille, l'idée que nous nous faisons de Dieu change. Malebranche prétend qu'en prenant conscience de la sensation nous sommes portés à *revêtir le monde extérieur de nos propres manières d'être;* quelque chose d'analogue se passe en nous quand commence cette vie nouvelle de la jeunesse. A cette époque, je ne sais pourquoi, notre âme a plus d'inclination à s'épancher, à s'unir, à se confondre avec je ne sais quel objet idéal de son amour, qu'à s'accuser, à s'affirmer, à se faire centre en ramenant tout à elle. Dans la nature tout l'attire, tout l'enchante, tout la séduit. Celui qui se trouve ainsi sous le charme, paraît doué d'une seconde vue au point de découvrir derrière ce voile de phénomènes qui nous dérobe les forces naturelles et leur jeu, ce que nous ne saurions apercevoir; il entend ce que nous ne pourrions entendre. Dans le moindre murmure il distingue des voix et des mots mystérieux qui ont un sens pour lui seul. Pour lui la nature s'attriste ou se réjouit : il y a des plaintes et des sanglots dans les mugissements prolongés des bises d'hiver, alors que le ciel est sombre, que l'atmosphère est froide et humide : il y a comme un épanouissement de la joie dans le sourire d'une belle matinée de printemps, à ce moment où tous les êtres s'ébattent à la lumière et à la chaleur nouvelles; il y a du courroux dans les roulements lointains du tonnerre, dans les éclats de la foudre, dans la lutte bruyante des vents contraires; il y a du recueillement et de la mélancolie dans la solitude des forêts, et sur les bords d'une mer que rien n'agite. C'est surtout dans les bois, ou près de la mer que l'âme s'abandonne tout entière à la rêverie : cette rêverie qui nous donne toutes les jouissances de la pensée, sans demander la fatigue et les efforts de la méditation; qui laisse toutes nos idées naître, se suivre et s'enchaîner, au gré du caprice, de façon à nous donner les spectacles les plus nouveaux et les plus inattendus. Tous les mouvements de l'âme, provoqués par des mouvements du dehors, semblent se confondre avec les mouvements de la nature, et n'en être plus qu'une dépendance. La limite entre les deux mondes, le monde moral et le monde physique, paraît s'effacer, et notre esprit, bercé comme la plante, ballotté comme la vague de l'océan, finit par se prendre pour une partie du Grand Tout. Mais cette vie que nous sentons en nous, qui redouble ou s'affaiblit tour-à-tour, et semble comme un flux et reflux de la vie universelle, d'où peut-elle venir?— Mais cette intelligence qui rayonne partout, et dont la mienne n'est qu'un pâle reflet, quelle est-elle? — Mais cette chaleur qui pénètre dans mon âme comme elle pénètre tous les corps, qui échauffe tous les êtres et les porte à s'unir et à s'aimer, d'où vient-elle? Et cette âme que je retrouve toujours en tout, qui répond à la mienne, comme si elle avait même origine, à qui appartient-elle? Elle a une puissance plus haute et plus étendue que la mienne, puisqu'elle respire dans les êtres qui échappent à ma vue par leur petitesse, comme dans les êtres qui lui échappent par leur éloignement; quelle est-elle donc?—N'est-elle pas le Dieu que je cherche? Je comprends maintenant ce sentiment religieux qui remplit mon cœur quand je contemple la nature, ou les grands hommes qu'on appelle des génies : je comprends ce goût du divin qui se trouve au fond de toutes les aspirations de mon âme, cette ivresse du divin qui m'exalte et me transporte comme si j'étais le prêtre inspiré de cette divinité partout invisible et partout présente. Cette pompe du monde sensible où s'étalent toutes les splendeurs qui ravissent mes yeux, où éclatent toutes les harmonies qui captivent mes oreilles, je me l'explique : j'y vois les solennités d'un culte que la matière rend éternellement à l'esprit.

Voilà l'idée que je me fais du panthéisme et des pentes insensibles par lesquelles l'esprit humain y arrive. C'est un panthéisme sensuel et rêveur, né d'une pensée dominée par l'imagination et par les impressions du dehors. Quand le panthéisme vient de l'éblouissement que donne l'idée de l'infini, de la difficulté d'expliquer la coexistence de l'infini et du fini, et de la tentation qu'on éprouve de voir d'un côté tout l'être, et de l'autre une ombre, un pur néant, on sent la nécessité d'apporter beaucoup d'égards dans la discussion, parce qu'on a affaire à une doctrine sérieuse, et que, d'ailleurs, ces troubles de l'esprit on les connaît. Mais un Dieu qui naît, et se développe, qui meurt sous une forme pour renaître sous une autre, c'est une conception d'enfant, à laquelle la philosophie ne s'est pas longtemps arrêtée, ou de vieillard qui retombe en enfance.

Je pourrais vous indiquer encore un *Dieu qui devient*, un Dieu sorti d'une imagination de poëte. Il faut reconnaître ici que le vague, l'indécis, le flottant, disparaissent un peu pour faire place à un personnage dessiné avec une certaine netteté et une certaine grâce : il s'agit d'un Dieu incarné dans la forme humaine. Vous connaissez tous une pastorale charmante, une gracieuse idylle, publiée il y a quelques années, et qui a fait beaucoup de bruit. Le rideau se lève ; la scène représente le lac de Génézareth, et, sur les bords, *un jeune villageois* qui rêve aux beautés incomparables du site qui se déroule à ses yeux. Ici le mont Carmel: là le mont Thabor ; le Jourdain au nord ; au sud le torrent du Kisen..... C'est là que lui est venue l'idée de la mission qu'il s'imagine avoir reçue du ciel. Tout dans sa personne respire la naïveté et la candeur. Toutefois son innocence n'a rien de farouche ; sa simplicité n'exclut point la finesse ; la rigueur de ses principes ne l'empêche pas d'être un *joyeux moraliste*. Sa voix a une douceur incomparable qui répond à sa physionomie distinguée et charmante. Quand il croit avoir conquis tous les cœurs et jeté les fondements de son œuvre par la séduction qu'il exerce tout autour de lui, il se montre un homme tout autre. Il connaît tous les travers et toutes les faiblesses de l'humanité, et les fait servir, sans honte, à ses projets. Il se crée une généalogie, parce que la naissance a toujours un grand prestige pour le peuple. Il prophétise, il fait des miracles, il lutte avec énergie contre les difficultés de toutes sortes, contre l'orgueil des uns, les calomnies des autres, l'amour aveugle et obstiné du Sanhédrin pour la tradition et la lettre morte. Dans ses derniers jours il n'est plus qu'un *géant sombre*, qui doit aspirer à mourir : il meurt, et la *religion pure* qu'il rêvait est fondée (1).

Vous voyez que l'imagination se comporte avec Dieu de plusieurs façons différentes; je ne pouvais taire une de ses créations les plus sérieuses et les plus nouvelles.

Mais, laissons ce roman, pour nous occuper des philosophes qui se défient de leurs sens, et tiennent pour suspecte leur imagination, quand il s'agit de Dieu. Ce sont des purs esprits, et leur doctrine s'en ressent. Voici comment ils raisonnent.

Il n'y a dans le monde que deux choses : l'idéal

---

(1) Comme le montre M. Caro, il y a deux *Jésus* dans M. Renan, l'un qu'il doit, ce me semble, à l'habitude de la métaphysique allemande, l'autre aux souvenirs de son éducation première. Voici ce que l'auteur disait, en 1864, en faisant allusion au même livre. « Ce bruit qui se fait autour du berceau du Christianisme, n'est, peut-être, pas d'aussi mauvais augure que le pensent bien des personnes : il remue les indifférents et force l'ignorance trop confiante à s'éclairer..... Le caractère divin du fondateur brille à travers cette enveloppe mortelle dont on le revêt, à tel point que celui même qui veut le ramener aux proportions de la nature humaine, parfois laisse éclater son admiration pour la beauté incomparable de cette figure.»

et le réel, d'où la vérité relative et la vérité absolue. Quand le physicien applique à l'étude de la nature les règles de l'expérience et les procédés de l'induction, toujours un peu conjecturale, il s'aperçoit à chaque pas que la nature ne répond jamais exactement à la précision de ses calculs et à la rigueur de ses raisonnements. Que de lois, comme *la loi de Mariotte*, ne sont reconnues vraies que dans certaines limites ! Au delà des pressions observées, que se passe-t-il ? Qu'arrive-t-il en deçà ? Ne faut-il pas à chaque instant modifier les *formules empiriques* qu'une expérimentation habile a obtenues, qu'une expérimentation plus habile encore vient détruire ? Il y a des *corrections barométriques ;* il y en a d'autres non moins nécessaires : tant il est vrai que les instruments, plus parfaits, je l'avoue, que nos sens, se trouvent trop imparfaits encore pour la nature si subtile à la fois et si mobile dans sa constance même. Enfin, dans un ordre de choses plus spirituelles, pour ainsi dire, on distingue deux espèces de temps : le *temps vrai* et le *temps moyen*, ce que je serai tenté d'appeler le temps réel et le temps idéal, le premier tel que les astres le mesurent, le second tel que le calcul le donne. Eh bien, ces deux espèces de temps ne concordent que quatre fois dans l'année.

Vous le voyez donc, quand nous restons dans les faits, au milieu des phénomènes et des forces de la matière, nous n'avons qu'une science relative où règnent l'à-peu-près et le provisoire : quand nous nous élevons au-dessus de ce monde, quand nous passons du réel à l'idéal, ce que la science avait d'ondoyant et de divers, devient quelque chose de fixe et de défini : on possède alors la vérité pure, la vérité rationnelle bien supérieure à la vérité expérimentale. Pourquoi? Parce qu'on a affaire à des objets souverainement parfaits dont les rapports sont immuables. C'est donc parmi ces objets qu'il me faut chercher cette perfection infinie, absolue que notre intelligence conçoit, et ne peut pas ne pas concevoir, et elle ne doit être qu'au nombre de ces objets. C'est donc là que vous trouverez ce Dieu que l'on cherche vainement ailleurs. Un Dieu idéal est le seul véritable, le seul qui réponde à nos aspirations les plus élevées. Qu'on ne dise pas : Un Dieu idéal comme celui dont vous parlez, un Dieu pour lequel tout alliage de réalité serait une souillure, c'est le néant. D'abord, il n'y a pas de science du néant et il peut y avoir une science de ce Dieu, comme il y a une science du nombre, de la force, de l'espace. Ensuite, cet idéal n'est point quelque chose de purement abstrait, n'ayant d'autre perfection que l'être, ce n'est point une abstraction vide et morte, qui glace notre cœur chaque fois que nous y pensons : toutes les perfections idéales lui appartiennent. Écoutez un passage que j'abrége à regret, et voyez si les sentiments que ce Dieu inspire ne sont pas aussi ardents que ce que fait naître un Dieu réel, mais nécessairement imparfait :

« Tu n'es pas seulement divin, sublime idéal, tu es Dieu. L'univers est grand, toi seul es saint; voilà pourquoi toi seul es Dieu. Pour toi seul l'amour, Dieu de la beauté, et de la vérité.... Oui, tu es bien l'Être dans le sens pur du mot : tu es l'Être dont toute l'essence, toute la vérité est dans la perfection. Tu es l'Être immuable, tu habites au delà du temps et de l'espace; de toi seul on doit dire : *Il est*, quand de tout le reste on dit : il *devient!*

« Être sans voix, sans figure, sans matière, Esprit pur, c'est de ton reflet que toutes choses, dans la vie universelle, reçoivent la beauté, l'harmonie qui en font le charme et le prix. Qui donc osera nous dire que tu n'es qu'une abstraction, Idéal suprême ? Idéal, Idéal, ta lumière est la seule qui puisse faire évanouir à jamais les fantômes de l'idolâtrie et de l'athéisme !» (1)

Si ce n'est point là du délire, c'est l'accent du plus fervent et du plus sincère enthousiasme. En présence de cet enthousiasme du philosophe, plaçons l'indifférence d'un certain nombre de gens, qui offrent à tous les systèmes sur Dieu une insurmontable résistance. Voici à peu près leur langage.

On déclare que, pour apprécier les arguments métaphysiques ou moraux par lesquels on établit l'existence d'un être infini en toutes ses perfections, il faut rentrer en soi-même, faire taire ses sens et son imagination, et, dans le silence de toutes les créatures, écouter ce maître intérieur qu'on nomme la raison. Mais, si mon âme est habituée à se dissiper et à s'épandre sur tous les objets extérieurs, comment pourra-t-elle se recueillir et ramasser toutes ses forces pour être tout entière à la méditation des choses

---

(1) *La métaphysique et la science*, par E. Vacherot, t. II, p. 586.

spirituelles à laquelle vous l'appelez? Mais, si cet horizon borné du monde réel me suffit et répond exactement à la portée de ma vue, si l'habitude m'a fait une douce compagnie des objets qui m'entourent, dont je jouis quand ils sont présents, et qu'absents je regrette; si je me crois à l'aise dans ce monde, que vous voulez que je trouve trop étroit : si les joies que j'y rencontre, les joies de la famille et les joies de l'amitié vont à mon cœur? que me faut-il de plus? Vous avez beau me dire : il y a des jouissances plus hautes, il y a des perspectives plus brillantes que celles que vous connaissez, Dieu seul peut remplir votre âme et la satisfaire. Ces besoins, que vous faites si nobles, si je ne les éprouve pas; ces horizons plus lumineux, si mon œil ne les appelle pas, comment voulez-vous que je comprenne vos preuves de l'existence de Dieu? J'irai plus loin : je dirai que ces dégoûts de la terre que vous affichez, que cet ennui profond que vous paraissez sentir au milieu du monde désert; que cette mélancolie sombre dont vous semblez dévorés, ce vide de l'âme dont vous tenez tant à vous plaindre, tout cela n'est que maux de nerfs et faiblesse d'esprit. C'est la maladie d'un siècle où l'on raffine sur tout, au lieu de jouir en paix des biens innombrables que la nature a semés sous nos pas. Je suppose, vous le voyez, que vous êtes sincère; combien y a-t-il de tristesses d'apparat, et de détachements dont on se pare !

Ainsi, il y a un certain nombre *d'hommes positifs*, dont l'intelligence est à tout jamais fermée à l'ordre d'idées qui feront l'objet de ce livre. Il faut renoncer à les convaincre parce qu'il faut renoncer à les changer. Quelquefois c'est la passion qui les aveugle, et alors, suivant le mot du poëte, ils se font un Dieu, il en faut toujours un, de cette puissance qui les domine et les asservit. Mais, ce n'est pas le cas le plus ordinaire : c'est souvent le sens du divin qui leur manque; c'est l'élan, ce sont les ailes qui font défaut : natures vulgaires qui se croient solides parce qu'elles sont épaisses, indépendantes parce qu'elles sont frivoles et légères, souples parce qu'elles n'ont pas de ressort, délicates parce qu'elles sont molles et énervées.

Voilà les difficultés que rencontrera la doctrine que nous allons exposer : d'abord des systèmes qu'il nous faudra combattre; puis, une indifférence dont nous essayerons de triompher. Pourquoi donc, connaissant ces difficultés comme vous les connaissez vous-mêmes, avons-nous fait choix de ce sujet. Nous devons l'avouer, c'est parce que nous avons l'espoir d'être utile et de répondre à un besoin. Voici comment nous est venue l'idée de traiter cette matière.

Il y a quelques mois, en ouvrant Philosophie et Religion de M. Franck, je tombai sur ce passage : « S'il est vrai, comme on ne cesse de le répéter, que l'esprit religieux manque à notre siècle, on conviendra, du moins, que les religions ne lui ont pas manqué : Saint-Simon, Charles Fourrier, l'abbé Châtel, l'Allemand Ronge, les deux Polonais Wrouski et Towianski, les Américains Joseph Smith et Brigham-Young, autant de fondateurs de nouvelles croyances qui ont voulu inaugurer pour le genre humain une ère de vérité et de bonheur. » (1)

L'auteur aurait pu ajouter le nom de M. Joseph Salvador, qui, sur les ruines de toutes les religions, prophète, mais non Jérémie, annonce une religion nouvelle qui doit satisfaire tous les esprits, soumettre tous les cœurs. Ce sont précisément ces dispositions des savants et de la foule

(1) Pag. 358.

qui me rassurent sur les difficultés de mon entreprise. Parmi les savants, les uns, il est vrai, paraissent animés d'une fière indépendance, et font effort pour se soustraire à la divinité qui les obsède, et secouer un joug qui leur pèse : *magnum si pectore possint excussisse deum*. Mais la lutte n'a qu'un temps; s'ils parviennent à renverser une vieille idole qui leur fait honte, on les voit bientôt tomber aux pieds d'une idole qu'ils ont eux-mêmes façonnée; d'autres, école nouvelle, me rassurent surtout par leurs succès; et, si nous ne nous étions pas interdit, dans cette introduction, de parler des systèmes où la raison domine, nous aurions développé cette pensée d'un métaphysicien célèbre, «Que le bien, que la beauté expliquent seuls l'univers et son auteur lui-même; que l'infini et l'absolu, dont la nature ne nous présente que des limitations, consiste dans la liberté spirituelle; que la liberté est ainsi le dernier mot des choses; et que, sous les désordres et les antagonismes qui agitent cette surface où se passent les phénomènes, au fond, dans l'essentielle et éternelle vérité, tout est grâce, amour, harmonie.»(1)

---

(1) M. Félix Ravaisson, *Rapport sur la philosophie en France au* XIXe *siècle*.

Si les doctrines, bonnes ou mauvaises, se multiplient, elles se répandent aussi fort vite, au lieu de rester, comme autrefois, enfermées dans les cloîtres, ou dans l'enceinte des écoles. Grâce à tous les moyens de publicité qui existent, il ne leur faut plus un demi-siècle pour faire leur chemin et arriver à la foule : on les lui présente toutes-menues sous mille formes diverses. C'est ce qui explique comment elles ont une influence souvent décisive sur les mœurs et sur les choses humaines. Je ne parlerai pas de désordres apaisés, ni de discordes éteintes; l'exagération du défenseur, dans une cause, peut nuire autant que les attaques des adversaires. Mais, je dis que la croyance à un Dieu personnel est salutaire à l'âme, comme au corps un air pur; je dis qu'elle contribue au calme et à la dignité de la vie, pour qui sait, d'ailleurs, qu'il y a des dédains qui honorent et des attentions qui avilissent; je dis que, sans que nous nous en doutions, elle nous retient sur la pente où nous entraînent les instincts égoïstes et les idées vulgaires; je dis qu'elle inspire aux grands le respect des petits, plus important, peut-être, que le respect de ces derniers pour les puissants. Or, est-ce là la doctrine qui domine le monde?

Si l'on étudiait avec soin certaines Théodicées contemporaines, je suis sûr qu'on y verrait la raison des théories politiques et sociales qui se sont produites de nos jours en Allemagne et en Italie, et qu'on découvrirait dans tout ce qui se fait depuis plusieurs années, comme un commencement d'application de ces théories. Ce mépris de l'individu et des petits peuples, cette croyance à la supériorité invincible de certaines races, qui explique les victoires et justifie les conquêtes; cette idée fixe de quelques grandes puissances de ne voir de salut que dans l'unité des forces vives dont elles disposent, et cette ambition qui les pousse à absorber tous les États secondaires, incapables, dit-on, de se gouverner et de se défendre; l'omnipotence de l'État donnée par de prétendus libéraux comme l'idéal de la société; l'adoration du fait accompli; ces timidités sans prudence en face d'une force envahissante, et ces hardiesses sans convictions; la fatalité partout, la moralité nulle part; tout cela n'est-ce pas la suite et la conséquence naturelles d'une philosophie régnante?

En résumé, partout des luttes de doctrines, soutenues, animées par ce sentiment religieux qui ne fait défaut nulle part. Le tout est donc de l'éclairer et de le diriger du bon côté. Tel qu'il est il vaut mieux que l'indifférence. Mais l'indifférence est impossible, j'en ai pour garant ce mot heureux de M. Franck, que j'ai lu dans le livre déjà cité : « L'homme est diversement religieux, il l'est *incorrigiblement.* » C'est sur cette obstination que je compte.

ÉTUDES DE THÉODICÉE

CHAPITRE PREMIER.

DE NOS DIVERS MOYENS DE CONNAÎTRE. — CARACTÈRE SUBJECTIF DE NOS PREMIÈRES CONNAISSANCES.

Dans une belle étude sur Descartes, servant d'introduction à l'édition qu'il en a publiée, M. Jules Simon a écrit : « La psychologie est la condition de la science, et la métaphysique en est le fond (1). » Cette maxime, dont la pratique a donné à la métaphysique française une supériorité de sagesse qu'on ne saurait lui contester, nous a servi de guide dans toutes les études qui vont suivre. La psychologie semble être le bon sens de celui qui s'attache aux principes généraux de l'entendement pour en chercher l'origine et en marquer la portée. C'est donc à elle que nous avons cru devoir nous adresser d'abord, pour montrer d'une manière générale quels sont nos moyens de connaître, et, en particulier, quel est le moyen que nous avons de connaître Dieu. Si nous établissons que la connaissance du moi,

---

(1) *OEuvres de Descartes*, édit. Charp. Introduction, p. xvi.

celle de la Nature et celle de Dieu sont contemporaines, corrélatives, inséparables, et d'une autorité égale; si nous prouvons que le doute, au sujet des faits de conscience, est impossible, et que toute connaissance est liée indissolublement à un ou plusieurs de ces phénomènes que la conscience atteste, notre métaphysique ne présentera absolument rien d'hypothétique, et reposera sur d'inébranlables fondements.

Indiquons en deux mots la certitude du *sens intime*, question de bonne foi, mille fois discutée et toujours résolue de la même manière, c'est-à-dire de façon à ne pas permettre la réplique. Mais pour ne point laisser prise au scepticisme, sur cette grave question, il faut la bien poser; discerner, dans le témoignage de la conscience, ce qu'il affirme de ce qu'il n'affirme pas; voir où il s'arrête et jusqu'où il va. Quand je dis: *je pense, j'aime, je veux*, je ne déclare point qu'il y a hors de moi des objets, des êtres, des phénomènes qui répondent à mes conceptions, à mes idées. Cette question est distincte de la première, n'est point comprise dans la première, et ce n'est qu'après la première qu'elle doit être abordée. Je commence par me renfermer dans le moi, et, sans en sortir, je déclare que je pense, que je sens, que je doute; que je ne conclus pas du fait perçu à l'être en qui il se produit, mais que par un acte unique du sens intime je saisis le phénomène et l'être dont il est l'état, le mode. La langue, image exacte, expression analytique de la pensée, a toujours, dans toute proposition, un mot qui représente l'être affirmant de lui un état ou une opération. Quand je dis : Je doute, cette proposition implique *la plus rigoureuse affirmation*, non pas eu égard aux choses étrangères à ma personne, mais relativement à moi, et au doute qui n'est qu'une manière d'être de moi. Suspendre son jugement est le fait de quelqu'un qui le suspend : or, cet acte de *suspendre un jugement*, et ce *quelqu'un* auquel appartient cet acte, sont affirmés en même temps par la conscience, et exprimés par une même proposition. Ce doute n'a donc rien à voir avec le scepticisme. Au lieu de douter, déclarer qu'on *ne sait rien*, ce n'est pas mieux nier toute possibilité de connaissance pour l'esprit humain : il y a toujours là un fait de conscience, l'*ignorance absolue*, et un être en qui se passe ce phénomène, et qui l'affirme. Or, il suffit que l'on admette un être et un seul état de cet être pour que l'on renverse ce scepticisme absolu que l'on prétend établir. Cette négation, qui semble si sûre d'elle-même, ne se soutient pas, puisqu'elle implique l'affirmation d'un être et d'un de ses états.

La forme la plus rigoureuse du scepticisme, je devrais dire la plus habile, est celle-ci : Que sais-je? On ne voit là, en apparence, du moins, ni négation, ni affirmation; le dogmatisme n'a donc pas lieu de contredire. Mais d'abord, cette phrase est-elle autre chose que l'expression du doute ; entre affirmer et nier il n'y a plus de place que pour le doute, et nous avons vu qu'il n'y a pas de doute sans conscience de ce doute, sans affirmation de ce doute, sans affirmation, en un mot. Et remarquons que le terme, qui exprime l'être, a beau fuir à la fin de la proposition, et se placer le dernier comme pour se dérober aux regards, il est toujours là pour attester le moi, et la conscience qu'il a de toutes ses modifications.

Mais, admettre la légitimité de la connaissance pour un seul être, et un état unique de cet être (l'admettre ou ne pas pouvoir la nier, peu importe), c'est assurément reconnaître cette légitimité pour tous les autres faits. Vous êtes obligé d'avouer que vous avez conscience de votre doute; or, en quoi le doute diffère-t-il des autres faits de conscience qu'on appelle : désirs, sensations, sentiments, déterminations, idées, notions, etc...? Le sens intime les affirme tous également, pourquoi son témoignage ne serait-il valable que pour cet état qu'on nomme le *doute ?* Ce n'est point parce que vous trouvez à ce dernier fait de conscience un caractère particulier que vous en admettez la connaissance, mais c'est uniquement parce qu'il vous est révélé par le sens intime. Si c'est là votre unique raison, et je ne vois pas qu'on en ait donné d'autres, tout ce qu'affirme la conscience doit être accepté au même titre. Nous avons donc un moyen de connaître que le scepticisme ne saurait atteindre; dans chacun de ces actes de la conscience nous sont donnés un être et une modification de cet être; donc, déjà nous connaissons un être et ses états les plus divers; et cette connaissance ne sépare jamais la substance de ses modes : c'est une abstraction ultérieure qui a permis de les distinguer.

Ainsi, un être particulier et l'inépuisable variété de ses phénomènes, de ses manifestations, de ses actes, voilà ce que nous connaissons d'abord. Le premier objet de la connaissance est donc le concret; le concret est vivant et complexe, l'analyse seule le divise et le simplifie. Mais en la divisant elle détruit la réalité, et il y a danger, alors, d'oublier le point de départ et de croire que les conceptions abstraites que nous tirons ainsi des choses représentent exactement les objets réels. Car, on étudie des abstractions pour des réalités; on se figure que l'on observe en appliquant à une vaine fiction les règles de l'analyse et de la synthèse, et, avec toutes les apparences de l'exactitude, on n'aboutit qu'à des chimères. Telle a été l'origine de l'homme-statue de Condillac, et ainsi s'explique l'étrange illusion de ce philosophe.

Quand j'étudie l'homme, ne vouloir pas sortir de l'âme, c'est m'enfermer presque dans une abstraction; ne pas vouloir sortir de mon âme et de mon corps, c'est encore m'enfermer dans une abstraction. Mon âme a des relations nécessaires avec mon corps, et, par l'intermédiaire de mon corps, avec les corps étrangers, et, enfin, avec tous les êtres qui me ressemblent. Ainsi, il y a un mode de la connaissance dans lequel le sujet et l'objet se confondent; il y en a un autre dans lequel le sujet et l'objet se distinguent, dans lequel l'objet est *nôtre* sans être *nous;* il en est un troisième dans lequel le sujet et l'objet se séparent, de façon que l'objet n'est ni *nôtre*, ni *nous*. Je ne sais pas si c'est dans cet ordre que se succèdent ces diverses connaissances : au lieu d'être successives, elles sont, peut-être, dès l'origine, simultanées et coexistantes. Quoi qu'il en soit, cette distinction devait être signalée au début de ces études, et méritera d'être rappelée plus d'une fois dans le cours de cette discussion.

Un des faits les plus considérables de notre enfance, un fait qui domine notre âme, s'en empare et la possède tout entière, c'est la sensation, c'est ce qu'on appelle *plaisir* et *douleur*. Je ne parle point ici de notre mauvaise humeur, de nos petites contrariétés, de nos colères aussi ridicules que violentes, je ne signale que cet état de bien-être ou de mal-aise dont nous cherchons l'origine et le principe hors de notre âme. Quand nous éprouvons un certain plaisir à vivre, nous croyons que dans nos organes tout conspire et tout convient: ces deux forces qu'on appelle l'âme et la vie semblent se développer harmoniquement, et s'unir pour nous rendre l'existence agréable. Mais, si ces deux puissances se limitent, s'entravent et se heurtent, il en résulte une souffrance que la conscience accuse immédiatement. Ainsi, sans connaître le comment de tous les troubles organiques, nous sommes avertis sur-le-champ, par la conscience, du mauvais état où est notre corps. Cette douleur qui appartient en propre à notre âme, nous la localisons, et nous distinguons un malaise particulier, d'un malaise général. Et la fin de cette souffrance nous comprenons qu'elle ne peut être autre que d'appeler

3

notre attention sur ce malaise pour nous inviter à le faire cesser au plus tôt.

Ainsi, la première idée que nous nous faisons de notre corps, c'est qu'il est un *tout vivant* étroitement uni à notre âme. Cette vie nous sentons qu'elle ne dépend pas directement de notre âme, nous la sentons extérieure à notre âme; nous y découvrons une activité que nous ne confondons pas avec celle de notre pensée ou de notre cœur. Il y a donc quelque chose hors de mon esprit, quelque chose qui est, comme moi, phénomènes et substance, quelque chose que je sens plutôt que je ne le connais, quelque chose dont mon âme se distingue nettement. En effet, quand je ressens une vive douleur, il semble que ce soit mon âme tout entière qui la ressente : en en parlant je ne puis dire : elle est en telle partie de mon âme ; mais je dis bien, en désignant mon corps, elle est *ici*, *là*, au cœur, aux dents, aux pieds; et, dans les ténèbres mêmes, je porte immédiatement ma main au point de mon corps qui est souffrant. Quand je promène ma main de la tête à la poitrine, je sais qu'il faut un certain temps ; je sais qu'il m'en faudrait davantage pour la porter de la tête aux genoux, par exemple; cette distance d'une partie de mon corps à une autre je l'appelle de l'*étendue*. C'est là quelque chose de nouveau pour moi, que je n'avais point trouvé dans mon âme. Nous voilà donc en présence d'une nature bien différente du moi. Cette différence nous la sentons en beaucoup d'autres occasions.

J'ai mal à la tête et je veux méditer, résoudre un problème qui m'intéresse : mon esprit me semble tout dispos, tout prêt à l'action, mais il trouve une invincible difficulté dans l'état de cet organe, une force d'inertie dont il ne peut triompher. Je veux travailler et j'ai sommeil ; je lutte en vain contre cette somnolence, je m'endors. Mon esprit a été vaincu : il y avait donc là une puissance plus énergique quelquefois que celle dont je dispose. Combien de fois ne nous est-il pas arrivé, à la fin d'une longue marche, de sentir le poids de nos membres, comme nous ne le sentons jamais en temps ordinaire ? Quel effort de volonté ne nous faut-il pas faire alors pour les soulever et les porter où nous nous rendons !

Ainsi, notre corps nous est, dès l'origine, connu comme une *étendue*, et comme une *force*, distincte de celle que nous sommes ; et il n'est pas besoin de longs raisonnements pour découvrir ce que l'expérience de tous les jours nous enseigne.

La sensation ne nous révèle point seulement

les divers états de notre corps, quand ces modifications ont leur principe en lui-même, elle nous fait connaître vaguement que ce corps est en relations continuelles avec quelque chose d'étranger à lui, capable de le *blesser* ou de le *flatter*. Tout ce que la sensation nous apprend, c'est qu'il y a hors de nous quelque chose qui produit en nous des états agréables ou désagréables; tout le reste lui échappe. Et non-seulement nous ne pouvons savoir par elle si le monde extérieur a d'autres propriétés, mais elle ne donne rien de fixe et d'universel sur cette propriété que possède l'extérieur d'agir sur nos sens. Un main calleuse ne jugera pas des aspérités d'un corps comme une main fine et délicate : des hommes sains et bien portant trouveront douce et tiède une température qui fera frissonner un fiévreux : un peu plus, un peu moins de liquide dans l'estomac nous montrera les objets sous un jour bien différent, ou calmes ou agités d'un mouvement inaccoutumé. Il y a plus, c'est que les humeurs modifient quelquefois nos organes comme le feraient les choses extérieures elles-mêmes, de sorte que, par l'illusion la plus étrange, nous attribuons à ces états nerveux des causes extérieures réelles, et nous nous comportons avec ce monde imaginaire, comme nous avons l'habitude de nous comporter avec les êtres vraiment existants. C'est ce qui arrive dans le rêve, le délire, l'hallucination. Aussi, avait-il raison, en un sens, cet ancien qui disait que *l'homme est la mesure des choses*. Nous l'allons voir dans tout ce qui va suivre.

La sensation n'est pas la source de l'idée ; en bien des cas, elle en est l'occasion. Ainsi, quand j'ai, au sujet de mon corps, la notion d'*étendue* et de *force*, je l'ai à l'occasion des sensations agréables ou désagréables qui résultent des rapports de mon corps avec mon âme; mais l'étendue n'est plus *sentie*, elle est *connue* : il en est de même de la force. Ainsi, lorsque mon esprit passe de mon propre corps aux corps étrangers, il en aborde la connaissance muni de deux idées qui précisément représentent l'essence de la matière, la force et l'étendue ; il a donc tout ce qu'il lui faut pour les bien juger. Quand nous disions, plus haut, que le monde ne nous apparaissait que comme un ensemble de puissances occultes affectant agréablement ou désagréablement nos organes, nous parlions de l'homme réduit à la sensation ; mais dès que l'intelligence entre en exercice, le chaos des choses extérieures se débrouille, et la science remplace le mystère.

C'est de la connaissance de notre corps que nous passons à la connaissance des corps extérieurs à nous; aussi, cette dernière connaissance se ressent de ses origines. Nous rapportons tout au premier corps connu. Ce qui montre la faute des psychologues, qui ont voulu que l'esprit passât directement de lui aux objets étrangers, oubliant cet intermédiaire obligé que j'appelle mon corps; c'est pourquoi tout ce qu'ils ont dit de la *perception extérieure* est erroné. Ils n'ont pas vu que le *premier extérieur*, c'est mon propre corps, que c'est la perception de ce corps qu'il fallait d'abord étudier, parce que c'est à elle que nous ramenons instinctivement toutes nos connaissances ultérieures.

Ainsi, pour commencer par cette propriété des corps qu'on nomme l'*étendue*, c'est à la dimension de notre corps que nous rapportons toutes les grandeurs des objets qui nous entourent, c'est eu égard à nous que nous jugeons de leurs diverses positions.

Enfants, c'est-à-dire de petite taille, nous nous sentons dominés par tout ce qui, à l'extérieur, paraît plus grand que nous. Quand nous revenons, après de longues années, au lieu où nous sommes nés, avec le souvenir de l'impression première que ces objets avaient faite en nous, nous sommes tout étonnés de ne plus trouver ces arbres, cette maison aussi grands, ces rochers aussi élevés, cet infini et ce vague que les distances produisaient en notre imagination; rien pourtant n'est changé dans les choses que nous avons sous les yeux : mais nous avons grandi, et les rapports entre notre taille et les choses sensibles ne sont plus les mêmes.

Il y a des hommes, de haute stature, qui, par une vanité qui sent un peu l'enfantillage, regardent comme petits tous les autres hommes, et les traitent, sinon avec mépris, du moins avec une certaine condescendance qui accuse le sentiment, mal dissimulé, de leur supériorité.

Les premières mesures rappellent toutes le fait que nous signalons : le *pied*, le *pouce*, la *coudée*, l'*aulne*, la *brasse*, tous ces mots n'indiquent-ils pas que c'est le corps humain qui a été notre première unité de longueur pour les dimensions des corps, quand le *pas* servait à mesurer les distances?

Ainsi, la première étendue que nous avons connue nous a servi à mesurer toutes les autres. Mais notre corps ne se révèle pas seulement à nous comme étendue, il se révèle encore comme force, ou comme cause. Or, le corps est-il la première cause que nous connaissons?

Quand nous sommes attentifs, nous sentons que l'effort qui tient notre esprit attaché à son objet, vient de nous, que nous sommes cause de l'acte d'attention ; nous le reconnaissons bien mieux si, autour de nous, subsiste quelque cause de distraction, s'il se fait du bruit, si la lumière est trop vive, si une douleur se produit sur un point de notre corps. Il y a lutte de l'intelligence contre la sensation, lutte de la volonté contre les appétits, les besoins physiques. J'ai faim, mais une affaire entamée demande à être terminée sur-le-champ : je fais taire ma faim, ou plutôt je n'y obéis pas. J'ai soif, mais, en même temps, j'ai chaud : on m'a dit qu'il y a danger à boire dans ces conditions ; je m'abstiens : j'attends un moment plus favorable.

Parmi les mouvements de mon corps beaucoup sont volontaires, je m'en déclare la cause. Comment cela a-t-il lieu? Je ne sais, mais qu'importe : j'ai conscience du pouvoir de mouvoir mes membres, et cela me suffit. Non-seulement je puis mouvoir mon corps, mais encore je déplace des corps qui ne sont pas miens. Je mesure la *dureté* des corps extérieurs à la dépense de force nécessaire pour en séparer les parties, pour l'écraser ; leur *poids* à la dépense de force que je fais pour les pousser, les traîner, les soulever, les soutenir en l'air.

Mais, est-ce du dedans, est-ce du dehors que

me vient la première notion de cause? Une simple observation suffira pour répondre à cette question.

Tout le monde a remarqué que lorsqu'un enfant se heurte la tête contre un meuble, par exemple, il se prend quelquefois d'une violente colère contre l'objet qui a causé sa douleur, et s'emporte jusqu'à le frapper. On prétend que le même fait se produit chez les sauvages, non pas enfants, mais hommes faits. Pour nous, nous savons bien que les poëtes, qui sont peut-être des enfants, animent la nature et prêtent de l'intelligence, des volontés, des passions aux forces aveugles qui y sont en jeu. Cela s'appelle embellir la nature, et les images qu'emploie, en ce cas, la poésie, sont des ornements du style. Pourquoi? Nous l'allons voir.

Remarquons d'abord que de cette observation, qui est loin d'être neuve, on ne paraît pas avoir tiré la conséquence importante qu'elle renferme. Nous nous sommes demandé d'où vient à notre esprit la notion de cause?—Il est bien évident qu'elle ne vient ni de notre corps, ni des corps étrangers, mais de notre âme même. Pourquoi les enfants s'irritent-ils contre les objets inanimés qu'ils regardent comme la cause de leur douleur? N'est-ce point parce que ces objets ils les font à leur image ; parce qu'ils leur supposent des intentions, une volonté, de l'intelligence? Parce qu'ils les croient capables de leur vouloir du mal, de les blesser à dessein ; capables aussi de sentir le poids de leur colère, et de prendre le traitement qu'ils leur infligent pour de justes représailles, pour une légitime vengeance? S'il n'en est point ainsi, la conduite de l'enfant est tout à fait inexplicable, elle n'est qu'un acte d'inqualifiable folie. Il faut donc conclure de ce que nous venons de dire que la première cause, qui nous est connue, est cette cause qu'on nomme le moi ; et que nous sommes un certain temps avant de dépouiller cette idée de tout ce qu'elle renferme quand elle s'applique à notre âme. Cette notion est donc, avant tout, concrète ; et, ce n'est que par une abstraction tardive, qu'elle se dégage du moi, où elle a pris naissance. Elle est concrète ; voilà pourquoi elle convient admirablement à la poésie. La vie de notre âme nous paraît supérieure à celle de la Nature, et plus belle : voilà pourquoi nous croyons embellir celle-ci en la revêtant de nos propres manières d'être, en y plaçant une intelligence consciente, comme la nôtre; en présentant tous ses mouvements comme nés d'instincts et de passions qui ne se trouvent qu'en nous. L'idée de cause est-elle la seule qui soit ainsi concrète et subjective à l'origine? L'observation en découvre une autre non moins importante, et présentant d'abord ce double caractère, je veux parler du *temps*.

Je ne suis point une cause qui naît et meurt, s'épuise et s'évanouit dans chacun de ses effets ; je suis une cause qui *dure* entre un de ses actes et un autre. Cette durée, je la sens et je la connais comme une propriété de mon être, et je pense que tous les êtres font comme moi, qu'ils *durent* les uns plus, les autres moins. La durée n'est donc point pour moi une abstraction, elle est un attribut de l'être sans lequel je ne saurais le concevoir, et cette idée a plus de portée que celle d'étendue puisqu'elle s'applique aux substances spirituelles aussi bien qu'aux substances matérielles. Quand naît en moi le désir de faire telle ou telle chose, quand je prends, à la suite de ce désir, la résolution de le satisfaire; quand enfin, peu après avoir pris cette résolution, je l'exécute, entre le désir et la résolution je place ce qu'on appelle du *temps;* entre le parti que j'ai pris et l'exécution, je mets encore du temps. La notion du temps se produit donc en moi à propos de la succession ou de la simultanéité des faits de conscience ; car toute idée de succession ou de simultanéité implique également la notion du temps.

Le temps est-il quelque chose de fixe et d'absolu? Nullement. Je le fais varier avec les divers états de mon âme. Quand j'attends quelqu'un que j'aime, le temps me dure, il paraît long; les minutes sont pour moi des heures. Il en est de même si j'attends une décision de gens qui ont ma fortune en leur main; partagé entre l'espoir d'une décision favorable, et la crainte d'un échec, tantôt j'aiguillonne le temps qui me paraît trop lent, tantôt je voudrais retarder le moment où j'apprendrai une nouvelle que je redoute.

La souffrance fait paraître le temps long, et le poëte a raison de dire:

Combien la nuit est longue à la douleur qui veille!

Si l'on aime le travail, le temps passe vite à qui est à la besogne; il tarde au paresseux de voir arriver l'heure de ne rien faire. Il n'y a pas de jouissance qui ne nous paraisse trop peu durer; et l'on donnerait beaucoup de ces heures inertes et indifférentes pour une minute de plaisir.

Si dans un espace de temps très-court nous avons vu se succéder des événements importants; surtout si nos émotions, nos pensées se sont pressées plus nombreuses que jamais, nous disons que nous avons vécu des années en quelques heures.

On ne saurait donc contester à la notion du temps le caractère subjectif qu'elle présente à l'origine. Ajoutons, pour être exact que, quelquefois, l'imagination s'empare de cette donnée expérimentale pour la transformer et en faire quelque chose de concret. Dans notre langue abondent les locutions qui attestent ce que j'avance. Les rapports entre le temps et l'espace ont été saisis de bonne heure; voilà pourquoi on dit : *un intervalle de temps*, en latin *spatium temporis; avoir du temps devant soi*, comme on dirait : avoir encore des lieues à parcourir.

Tantôt c'est le temps qui est immobile, et nous en mouvement : tantôt c'est lui qui se meut et nous qui sommes au repos.

Le moment où je parle est déjà *loin* de moi.

veut dire, ou bien que je me suis éloigné de ce moment, comme, sur une grand'route, on s'éloigne des objets devant lesquels on a successivement passé; ou que l'objet s'éloigne de moi, moi restant immobile, le vague de l'image nous avertit que nous sommes en pleine poésie.

On dit du temps qu'il *s'écoule;* et, pour continuer la métaphore, *remonter le cours du temps;* ce qui indique deux mouvements en sens contraire, celui du temps, et celui de mon esprit.

Enfin la poésie, par un privilége que nous aurions mauvaise grâce à vouloir lui retirer, a fait du temps un vieillard avec des ailes, et s'exprime ainsi :

> Sur les ailes du temps la tristesse s'envole.

Ainsi, voilà deux idées : l'idée de cause et l'idée de temps que j'ai trouvées en moi, qui viennent des profondeurs de ma conscience; puis une idée qui s'est formée en mon esprit, quand j'ai pris connaissance de mon corps, l'idée d'*étendue*. Notions de cause, de temps, d'étendue, voilà donc trois notions qui ont une origine tout expérimentale, et qui pour cela même ont ce caractère subjectif et concret que nous leur avons reconnu. Ce double caractère le gardent-elles toujours? L'abstraction, la généralisation ne s'emparent-elles pas de ces données expérimentales pour les transformer? Qu'en font-elles? Ces notions ainsi généralisées ont-elles une valeur objective? Toutes questions que nous essayerons de résoudre, quand nous aurons répondu aux objections que semblent soulever deux philosophes qui expliquent autrement que nous la formation des idées, je veux dire Locke et Kant.

CHAPITRE II.

LOCKE ET KANT SUR L'ORIGINE DES IDÉES, ET SURTOUT SUR LES IDÉES DE TEMPS ET D'ESPACE.

C'est par les idées que nous devons nous élever jusqu'à Dieu ; il convient donc, avant tout, de nous assurer de la solidité de ce point d'appui. Voilà pourquoi nous insisterons sur les caractères, la nature, la source, et la portée des notions les plus importantes de l'entendement, exposant tour à tour notre théorie, et celles des philosophes qui lui sont le plus contraires. Parmi ces idées, nous nous attacherons à celles du fini et de l'infini, au principe de causalité qui s'applique à l'un et à l'autre ; aux conceptions de temps et d'espace qui sont les lois du fini ; enfin aux notions de l'étendue et de la force qui représentent l'essence de la matière. Distinguer Dieu de la Nature et du moi, voilà quel doit être le terme de nos études ; et, pour cela, il nous faut d'abord démêler, dans la conscience, la triple et perpétuelle manifestation du moi, de la Nature et de Dieu.

La première question que se pose tout philosophe qui veut étudier l'âme humaine est celle de la *méthode*. Séparer par l'analyse les faits qui sont simultanés, ou que la conscience, à première vue, distingue mal, à cause de la rapidité de leur succession, voilà, ce me semble, le premier travail du psychologue. Mais ce qu'il ne doit jamais oublier, c'est qu'en étudiant la réalité, il n'y changera rien d'essentiel : c'est que son point de départ sera dans le réel et le concret; que l'abstraction et la généralisation sont des opérations ultérieures, mal propres à donner le premier et le dernier mot de la science pour tout ce qui n'est pas *être de raison*.

Or, au xviiie siècle, pour introduire dans la science de l'homme une rigueur, qui paraissait lui manquer, en même temps qu'on voulait lui donner une simplicité que le sujet observé ne comportait pas toujours, on débutait par une hypothèse. On faisait le vide, cela est à la lettre, et on laissait rentrer un à un dans l'âme les phénomènes qu'on en avait expulsés, ce qui donnait un moyen facile de les observer.

Dire avec Locke : « Supposons qu'au commencement l'âme est ce qu'on appelle une table rase, sans aucune idée quelle qu'elle soit, comment vient-elle à *recevoir* des idées? » (L. II, c. iv, § 2.)

Ou imaginer un *homme-statue*, dont on ouvre successivement tous les sens sur le monde extérieur, c'est toujours la même méthode, l'hypothèse au lieu de l'expérience, la fiction substituée à la réalité. Et cette substitution on la fait de bonne foi, ou plutôt on ne croit pas la faire : l'illusion, à cet égard, est complète, puisqu'on écrit un peu plus loin : « D'où l'âme puise-t-elle tous ces matériaux qui sont comme le fond de tous ses raisonnements et de toutes ses connaissances? A cela je réponds en un mot : De l'expérience. » (L. II, c. IV, § 2.)

Eh bien, cette expérience a abouti à la théorie la plus étrange, à l'idéalisme le plus absolu qui se puisse concevoir. Voici les termes mêmes de Locke, ils méritent d'être cités :

« L'esprit n'a d'autre *objet* de ses pensées et de ses raisonnements que *ses propres idées*, qui sont *la seule chose* qu'il contemple, et qu'il puisse contempler....» (L. IV, c. I, § 1.)

Et, un peu plus loin : « Il est évident que *l'esprit ne connaît pas les choses immédiatement*, mais seulement par *l'intervention des idées qu'il en a.....* » Ce qu'il y a de plus curieux c'est la conclusion : « Et par conséquent notre connaissance n'est *vraie* qu'autant qu'il y a de la *conformité entre nos idées et leurs objets.* » (L. IV, c. IV, § 3.)

Ainsi, voilà l'esprit renfermé chez lui, sans

communication avec les choses extérieures, puisqu'il ne peut *contempler que ses propres idées*, vraies ombres chinoises, images de réalités qu'il ne pourra jamais connaître directement. Le *vrai* doit être un rapport de conformité entre ses idées et les objets externes, et il ne pourra jamais saisir que les rapports entre ses idées, et raisonner sur ces rapports. La vérité est donc une œuvre personnelle de l'entendement de chacun, puisqu'elle doit varier avec le nombre des idées, et la puissance que l'on a de les comparer, de les réunir, d'en tirer de légitimes conclusions. La vérité est subjective; le moi seul nous est connu par « la conscience qui accompagne toujours la pensée. » (L. II, c. xxvii, § 9.)

Le monde extérieur est pour nous comme s'il n'existait pas. Voilà presque l'idéalisme de Berkeley, de Fichte. Et toutes ces erreurs ont une source, une explication naturelle, l'hypothèse de cette *tabula rasa* que nous avons vue au début.

Hâtons-nous de le dire, Locke a mis moins de rigueur dans son système, et sa doctrine, par une heureuse inconséquence, est semée d'observations qui ont leur prix.

Nous ne voulons en indiquer que quatre points : son opinion sur l'espace, le temps, la cause et l'infini.

« Nous acquérons l'idée *d'espace* par la vue et l'attouchement.... » (L. II, c. xiii, § 2.)

« Il y a bien des gens, au nombre desquels je me range, qui s'imaginent pouvoir penser à *l'espace* sans y concevoir quoi que ce soit qui résiste. C'est là *l'idée d'espace pur*, qu'ils croient avoir aussi nettement que l'idée qu'on peut se former de l'étendue du corps. » (L. II, c. xiii, §2.)

Dans notre précédent chapitre nous avons essayé de comprendre comment se forme en nous la notion *d'étendue;* nous n'avons pas parlé de l'espace, à dessein, réservant cette importante question. Ici, nous voyons que l'idée d'espace et l'idée d'étendue sont parfaitement distinctes; la seconde suppose une certaine résistance, l'autre, l'espace pur ne la suppose point. Pourquoi ? C'est ce que l'auteur ne dit pas. — Ces idées naissent-elles l'une de l'autre, ou sont-elles indépendantes et simultanées ? C'est encore ce qu'on nous laisse ignorer. Quoi qu'il en soit, nous avons ici comme un commencement d'analyse dont nous pouvons tenir compte.

Mais nous devons bien nous garder de tomber dans l'erreur de M. Cousin, qui voulant distinguer la notion de corps ou d'étendue, de la notion d'espace, nous dit: « L'idée de corps implique l'idée de limite, et l'idée d'espace l'absence de toute limite..... la première est une représentation sensible, et l'idée d'espace une conception toute rationnelle; l'idée de corps, une idée contingente, et l'idée d'espace, une idée nécessaire et absolue. »

Ce philosophe semble oublier qu'entre les idées sensibles et les idées rationnelles, il y a place pour les idées abstraites, et qu'il faudrait prouver que ce n'est point là la place qui convient à la notion d'espace. Quant à cette raison de les distinguer parce que l'une implique *l'idée de limite* et l'autre *absence de toute limite,* elle est loin de paraître décisive : il y a beaucoup de notions abstraites qui, opposées aux idées sensibles dont elles dérivent, présenteraient le même caractère. Quand je dis le *nombre*, la *force*, l'*humide*, le *sec*, le *froid*, le *chaud*, j'exprime des idées n'impliquant pas limites, ou, pour être plus exact, *indéterminées* parce qu'elles ne représentent rien de réel. Il y a des nombres, des forces portant différents noms, des corps humides, secs, froids, chauds; voilà des objets déterminés, limités, toutes les abstractions qu'on en tire ne sauraient l'être.

Il en est de même de l'idée d'espace, qui n'est, comme nous le montrerons plus tard, qu'une abstraction de l'étendue réelle : elle n'implique point limite quand je ne lui en assigne point par la pensée, quand j'en parle d'une manière vague et générale ; et c'est précisément pour cela que l'espace admet toutes les limitations que ma pensée lui impose. Il a toutes les limitations virtuelles que mon esprit fait passer de la puissance à l'acte. Pourquoi l'idée d'espace serait-elle plutôt une idée rationnelle que l'idée de nombre, de froid et de chaud ? Toutes ces idées ont même origine, et se sont formées de la même façon ; donc la distinction établie par M. Cousin entre l'idée d'espace et l'idée de corps me semble peu justifiée : que j'aime bien mieux celle que nous signale Locke : l'espace ne suppose aucune *résistance*, l'étendue des corps en suppose toujours une.

Où je trouve encore que Locke montre une grande perspicacité, c'est dans sa manière d'expliquer l'origine des idées de temps et de cause.

L'habitude des sensualistes est de chercher au dehors la source de toutes nos idées, et de songer à nos relations avec le monde extérieur avant de songer à étudier les rapports de l'âme avec elle même et avec son propre corps. Locke a bien vu qu'il fallait procéder autrement, et il a remarqué que nous pouvions acquérir l'idée de temps sans sortir de nous-mêmes.

« L'idée que nous avons de la *durée* nous vient

de la réflexion que nous faisons sur la suite des idées qui se succèdent en nous. » (L. II, c. xiv, § 2.)

Signalant, plus loin, le caractère tout subjectif de cette notion à l'origine, il dit :

« La suite de nos idées est la mesure des autres successions. » (L. II, c. xiv, § 12.)

Pour l'idée de cause, il n'est pas moins formel. Ce sont moins les mouvements des corps qui nous donnent l'idée d'activité, de *puissance*, de cause, que les opérations de notre esprit. Le mouvement dans les corps lui paraît plus souvent *passion* qu'*action*, de sorte que l'idée d'activité que nous en recevons, est toujours confuse et obscure.

« Si nous y prenons bien garde, dit-il, les corps ne nous fournissent pas, par le moyen des sens, une idée si claire et si distincte de la *puissance active* que celle que nous avons par les réflexions que nous faisons sur les opérations de notre esprit. » (L. II, c. xxi, § 4.)

« Quant à l'idée de *mouvement* nous ne l'avons que par le moyen de la réflexion que nous faisons sur ce qui se passe en nous-mêmes, lorsque nous voyons, par expérience, qu'en voulant simplement mouvoir les parties de notre corps, qui étaient auparavant en repos, nous pouvons les mouvoir. » (L. II, c. xxi, § 4.)

Intelligent et exact pour tout ce qui est du domaine de l'expérience, dès qu'il faut passer de ce domaine à celui de la raison, Locke s'égare, comme en pays qu'il ne connaît pas. Le parti pris de renverser la théorie des *idées innées* l'aveugle. Ainsi, après avoir reconnu la véritable origine de l'idée de *cause*, il veut montrer que c'est par une induction naturelle et instinctive que l'esprit applique cette notion, tirée de notre propre fonds, à tous les êtres que nous connaissons ultérieurement. La source véritable et la valeur rationnelle du Principe de causalité lui échappent absolument, et s'il avait mieux compris la nature de l'induction, il aurait vu qu'elle donne des lois particulières pour chaque ordre particulier de faits, tandis que le principe de causalité embrasse l'ensemble des êtres et des phénomènes les plus divers.

Cette erreur au sujet du principe de causalité, il faut s'attendre à la retrouver quand il s'agit de l'idée d'*infini*. Elle dépasse de beaucoup l'expérience, et tous les efforts que l'on a faits, pour l'y ramener et l'y réduire, ont échoué.

Locke, en maints passages, parle de l'infinité de Dieu, et quand il vient à aborder cette idée, et à l'étudier en elle-même, il n'y voit qu'une idée purement négative; mais il ne la confond pas avec le temps et l'espace, comme M. Cousin.

« Nous n'avons point d'idée positive de l'infinité, écrit Locke. » (L. II, c. xvii, § 13.)

Ce qui prouve que ce philosophe confond l'indéfini et l'infini, c'est qu'il regarde le nombre comme la chose au monde la plus capable de nous donner une notion exacte de l'infini.

« Lors même, dit-il, que l'esprit applique l'idée de l'infinité à l'espace et à la durée, il se sert d'idées de nombres répétés, comme de millions de lieues et d'années, qui sont autant d'idées distinctes que le nombre empêche de tomber dans un confus entassement, où l'esprit ne saurait éviter de se perdre. » (L. II, c. xvii, § 9.)

Il est étrange que l'idée de nombre éclaircisse l'idée de l'infini : elle l'éclaire, ce me semble, en la réduisant, en la détruisant, je devrais dire. Parler d'un nombre *infini*, c'est énoncer une absurdité manifeste. Comment le substantif servirait-il à faire comprendre l'adjectif puisque l'on accouple deux termes contradictoires. Si je dis : le *nombre*, comme nous l'avons exposé plus haut, j'emploie une expression indéterminée, qui peut être déterminée par un pronom, ou par un adjectif. Dès que je veux le déterminer, je dois le faire par un terme qui lui convienne, et qui rappelle son origine : le concret et le fini. Si, au contraire, je lui applique l'idée *d'infini*, je rassemble des termes qui n'ont plus aucun sens.

Qu'on y réfléchisse, le mot *nombre* ne désigne ni une réalité, ni une qualité. Il y a dans la Nature des êtres doués de propriétés, de qualités, de facultés, parmi lesquelles le *nombre* ne se trouve pas. Ce mot n'indique donc en aucune façon l'être, en aucune façon ses propriétés; que signifie-t-il donc? — Voilà plusieurs arbres, plusieurs pierres, plusieurs hommes; j'omets leur couleur, leur densité, leur dimension, etc.; je ne veux établir entre eux qu'une relation tout extérieure, et je dis : 5 arbres, 3 pierres, 4 hommes. Le nombre établit donc, entre certains individus de la même espèce, un rapport abstrait, pour ainsi parler. Le nombre est donc l'expression d'un rapport, rien autre. Ainsi prononcer ces deux mots : *nombre infini*, c'est absolument ne rien dire; car, que faut-il entendre par un rapport infini?

Locke ne s'aperçoit pas d'une chose, c'est que ces mots : *millions de lieues et millions d'années*, désignent des quantités considérables, indéfinies, qui frappent l'imagination par le vague et l'indéterminé, mais n'ont rien à voir avec l'infini.

Locke a bien vu le côté expérimental des notions de temps, de cause et d'espace; mais il est resté en route. Ces idées ne conservent pas longtemps ce caractère trop subjectif et trop personnel qu'elles ont d'abord : elles ne tardent pas à s'en dépouiller pour atteindre le plus haut degré de généralité qu'elles comportent. C'est sous cette forme que Kant les a envisagées.

Ce qui a arraché Kant à son sommeil dogmatique, c'est le scepticisme de Hume. Pourquoi toute la métaphysique de deux siècles venait-elle aboutir à ce scepticisme? — C'est ce que se demandait le philosophe allemand. Voici la réponse qu'il a trouvée à cette question.

Les sciences n'ont fait de progrès qu'autant qu'elles ont négligé les objets de la pensée, pour ne s'occuper que de la pensée pure et de ses lois.

La Géométrie, on le sait, ne se demande pas ce qu'est l'essence des corps ; elle étudie *l'étendue idéale :* de là ces constructions qu'on ne peut renverser, et ces théorèmes enchaînés avec une rigueur qui ne se trouve nulle part ailleurs.

L'Arithmétique, laissant les êtres concrets, s'attache à certaines notions inhérentes à l'esprit humain; elle les développe, et en cherche les rapports : elle fait pour le *nombre* et l'*unité*, ce que la géométrie fait pour l'*espace*.

L'Algèbre, prêtant son secours à l'une et à l'autre, étudie le nombre et l'espace de la façon la plus générale.

Voilà pourquoi ces trois sciences ont fait de rapides progrès sans que jamais une seule de leurs solutions ait été remise en question.

Les sciences physiques elles-mêmes doivent leurs progrès moins à un usage plus intelligent de l'expérience, qu'à l'abandon absolu de la métaphysique, et à l'emploi presque continuel du calcul.

Pour la Philosophie même remarque : une seule science est restée la même depuis les Analytiques d'Aristote, c'est la Logique : tandis que la Métaphysique n'a cessé de varier et de se transformer, souvent au prix des plus étranges contradictions. Pourquoi cela ? — Parce que cette dernière a pour objet la pensée même et ses lois, tandis que la première aspire à connaître l'être en soi, les essences, les substances et leur nature.

Conclusion : les sciences idéales sont les Mathématiques, et la Philosophie doit s'en rapprocher le plus possible, si elle veut sortir de l'ornière où l'a engagée un empirisme étroit.

Distinguons donc tout d'abord deux éléments dans la connaissance : 1° un élément *subjectif*, et

2° un élément objectif; le premier dépend de la constitution même de l'esprit, il représente l'ensemble des conditions auxquelles la pensée est soumise pour être et se développer; le second représente quelques phénomènes du monde physique et du monde moral, mais des phénomènes seulement. Voilà ce que le sensualisme n'avait pas vu, et la confusion où il est tombé a amené sa chute.

Ce qu'il y a d'important dans la connaissance, c'est moins l'objectif que le subjectif, ou si l'on veut d'autres noms, les noms ne manquent pas dans ce système, c'est moins la *matière* que la *forme*. La matière de la connaissance est infiniment diverse et multiple, les formes sont relativement peu nombreuses.

Ainsi toute *intuition* de la *sensibilité* a pour condition ou pour forme les notions d'espace et de temps.

Tout *jugement*, ou tout acte de l'*entendement*, ne peut avoir lieu qu'autant qu'il possède certaines notions d'unité, de réalité, de possibilité, etc.; je m'arrête : ces conditions ou *catégories*, ou concepts purs, sont au nombre de douze! Ces concepts sont tous *à priori*, c'est-à-dire antérieurs à toute expérience, et nécessaires à la formation du jugement.

Enfin, nul *raisonnement*, nul acte de la raison (je conserve la langue de Kant), n'est possible sans les notions de l'Absolu et de l'Inconditionnel.

Ce qu'on avait regardé jusqu'ici comme des propriétés, des états, des attributs, des rapports des êtres, ne sont que des concepts, des lois de la pensée, ne représentant rien du dehors; ce sont des principes inhérents à l'esprit humain, se développant avec lui, conditions de la science, mais objets de l'expérience, jamais. Celle-ci, ils la dirigent, l'éclairent, la règlent, ramenant à l'unité l'immense variété des phénomènes. Il faut donc arracher à l'expérience le plus possible, si l'on veut sauver la science. C'est ce que le philosophe allemand croit avoir fait. Ainsi, restreindre l'expérience; couper les ailes à la métaphysique pour mettre fin à ses recherches ambitieuses; se borner à étudier les conditions logiques de la pensée, voilà l'ensemble des réformes que propose Kant à la science des premiers principes, à la Philosophie.

Nous n'avons point à juger ici cette doctrine, nous devons seulement nous demander ce qu'elle a fait des notions de temps, d'espace, de cause, et d'infini ou d'absolu. Il est tout à fait nécessaire que nous sachions à quoi nous en tenir sur ces idées qui reviendront sans cesse dans notre Théodicée.

Pour l'infini, ou, pour employer les mots équivalents, l'inconditionnel et l'absolu, c'est une conception vide de toute réalité extérieure, c'est une condition de l'exercice de la raison, mais cette notion n'a aucune valeur objective, ne répond à rien de réel, pas plus que l'idée de Centaure ou de Sirène.

Il y a dans notre entendement une loi qui lie la notion de cause à la notion d'effet; c'est une association d'idée naturelle, spontanée, que rien ne peut détruire; c'est un principe que nous appliquons partout, toujours à l'expérience : mais conclure de cette loi de l'esprit à l'existence de causes réelles, d'une cause en nous, et de causes hors de nous, c'est affirmer au delà de ce que nous pouvons connaitre. Nous ne pouvons pas plus savoir que nous sommes causes, que nous pouvons savoir que nous sommes un et identique. « La pensée est une et simple en tant que phénomène.... si l'unité de la pensée est l'objet de l'expérience du sens intime, il n'en est pas ainsi de l'être qui pense, et toute conception qui ne peut s'appliquer à une expérience demeure une illusion » (1).

(1) *Critique de la raison pure*, édit. Ad. Garn., t. I, p. 289-592.

Ainsi, il ne peut être question de *substance*, ni de *cause ;* celles-ci échappent et échapperont toujours aux prises de l'esprit humain. Si Kant échoue quand il s'agit des choses réelles et vivantes, il est plus heureux quand il a affaire à des choses idéales comme l'espace et le temps. Il reprend ses avantages et complète Locke : ce philosophe nous avait montré ces deux notions à l'état naissant, pour ainsi dire, et n'avait pas vu ce qu'elles deviennent plus tard : Kant n'en soupçonne peut-être pas l'origine, mais il nous les montre arrivées à leur plus haut degré d'abstraction et de généralité, s'imposant à l'expérience, devenant lois de l'entendement, conditions de toute pensée qui a pour objet un phénomène physique ou un phénomène du monde moral, conception vide de toute réalité, et par là même supérieure et antérieure à l'expérience.

« La *forme* constante de la sensibilité est une condition nécessaire de tous les rapports sous lesquels les *objets extérieurs* nous apparaissent; quand nous faisons abstraction de ces objets, il reste une *intuition pure* qui prend le nom d'*espace.* » (1).

« Le temps n'est rien autre chose que la *forme* du sens intime, c'est-à-dire l'intuition de nous-

(1) *Critique de la raison pure,* édit. Ad. Garn., t. I, p. 25-26.

mêmes et de notre état intérieur.... Si nous faisons abstraction de notre manière de nous voir intérieurement et de recueillir par le moyen de cette *intuition* toutes les intuitions extérieures dans notre faculté de représentation, si par conséquent nous prenons les objets comme ils peuvent être en eux-mêmes, le temps n'est rien...... et ne peut être considéré ni comme substance, ni comme attribut des objets pris en eux-mêmes, et sans rapport à notre intuition interne. » (1)

Kant a raison : l'idée d'espace et l'idée de temps sont des lois de notre entendement, lois que nous appliquons nécessairement à toute chose finie. Telle est la constitution même de notre intelligence que nous ne pouvons concevoir les phénomènes de l'ordre physique, ou de l'ordre moral, que sous la raison de l'espace et du temps. Je ne me poserai pas, comme Kant, la question suivante : Cette manière d'envisager les choses ne tient-elle pas à la constitution actuelle de l'esprit humain? Si cet esprit était autrement, ou s'il y avait d'autres esprits ne jugeraient-ils pas d'une façon différente? A quoi sert de chercher sans cesse des motifs de doute, et de poser des questions qu'on ne pourra jamais résoudre, on le sait bien ? Tout cela n'est bon que pour embarrasser

(1) *Critique de la raison pure*, édit. Ad. Garn., t. I, p. 37-39.

les simples; cette science consciencieuse jusqu'au scrupule, me fait penser à ces âmes méticuleuses qui s'évertuent à trouver les raisons pour lesquelles Dieu pourrait bien les damner.

Ce que nous avons de mieux à faire ici, c'est de chercher une définition du temps et de l'espace, et de nous demander s'ils sont infinis l'un et l'autre. Voici comment nous arriverons à nos fins.

Je désire me promener; mais je ne le puis au moment où je le désire; entre mon désir, et la réalisation de mon désir, il s'est, comme on le dit, *écoulé du temps.* Ainsi voilà trois choses en présence, un désir, du temps, une résolution qui a un commencement d'exécution. J'ai conscience du désir, j'ai conscience de la résolution, je n'ai pas conscience du temps; je le conçois : le désir est quelque chose de réel, la détermination quelque chose de réel; le temps est-il quelque chose de réel? Que je me promène immédiatement après en avoir formé le désir, ou longtemps après, *désir* et *résolution*, rien n'est changé; une seule chose n'est plus la même, c'est le temps, plus long ou plus court suivant la manière dont se succèdent les faits de conscience. Rapprochez les deux faits dont nous venons de parler, le temps se réduit à 0; supprimez par la pensée les phénomènes moraux, le désir et le sentiment, de sa réalisation, vous supprimez deux choses réelles, le temps reste-t-il?— Non. Il n'est plus rien après cette suppression ; c'est qu'il n'était rien avant ; c'est que son existence dépend absolument des faits ; c'est qu'il est une quantité abstraite, divisible, finie, servant à mesurer l'intervalle entre deux ou plusieurs faits de l'ordre moral, ou du monde physique, mais n'ayant, par elle-même, aucune réalité; c'est un rapport qui suppose toujours au moins deux termes.

Les divisions générales du temps sont le présent, le passé et l'avenir : c'est eu égard à ces trois parties du temps que nous *ordonnons* tous les faits que nous connaissons en nous et hors de nous, en usant des subdivisions exprimées par les adverbes et les divers temps des verbes. Ce n'est pas seulement le passé que nous classons ainsi pour en faciliter la mémoire, c'est encore l'avenir : *demain* j'écrirai telle chose ; après demain je partirai pour Paris, etc.....

Ainsi, parmi les faits, dont nous avons conscience, ou que nous connaissons par tout autre moyen, aucun n'échappe à un certain rapport avec le temps : tous sont ou simultanés, ou placés à des intervalles inégaux les uns des autres ; c'est ainsi qu'ils sont liés entre eux, pour l'esprit qui les connaît, par quelque chose de tout extérieur qui ne modifie en rien leur nature, mais en rend le souvenir, ou la pensée possible. Nous pouvons donc définir le temps, comme Leibnitz : *L'ordre de succession des phénomènes ou des êtres.*

Ce que nous avons dit du temps est également vrai de la *durée*. La durée, en soi, n'existe pas; considérée ainsi d'une manière générale, elle n'est rien de réel, il n'y a pas de durée, il n'y a *que des êtres qui durent*. La durée est une des nombreuses qualités de la substance; elle est inséparable de la substance; elle en dépend, bien loin que la substance dépende d'elle, comme semble le croire Descartes.

On trouve entre le temps et l'espace de nombreuses analogies (1), et les langues accusent toutes ces aperçus de l'esprit. Signalons d'abord une différence.

Le temps embrasse toutes les réalités finies, réalités matérielles et réalités spirituelles; l'espace ne convient qu'aux premières.

Comme l'idée de temps, l'idée d'espace n'est qu'une idée abstraite généralisée, et comme elle n'exprime qu'un rapport; ce rapport suppose nécessairement deux termes au moins, je veux

---

(1) Ces deux quantités sont souvent liées l'une à l'autre dans la science, ainsi : les *espaces* parcourus par un corps, en chute libre, sont proportionnels au carré des *temps* ; les vitesses sont proportionnelles aux *espaces* parcourus pendant l'unité de *temps*.

dire deux corps. L'expérience que nous avons faite pour deux phénomènes de conscience nous pouvons la répéter à propos de deux corps séparés l'un de l'autre. Qu'y a-t-il entre deux ?—Une certaine distance, ou si l'on aime mieux, de l'espace.—Si vous les rapprochez ou les éloignez, l'espace diminue ou augmente sans que l'étendue des corps en soit modifiée en quoi que ce soit : qu'ils se touchent, l'espace est réduit à zéro; qu'ils s'éloignent indéfiniment, l'espace sera, pour ainsi dire, infini : ainsi l'espace n'est rien de réel, c'est un rapport, c'est une quantité abstraite susceptible de croître de zéro jusqu'à l'infini. Mais supprimez par la pensée les deux corps sur lesquels vous opérez, supprimez tous les corps, l'espace ne subsiste plus, parce qu'avant cette suppression il n'était rien de réel, et que les termes disparaissant, le rapport s'évanouit.

Nous avons choisi l'exemple précédent pour montrer que l'espace ne doit pas être nécessairement considéré comme un *contenant ;* contenir n'est point son essence; le croire c'est avoir une idée fausse. Un contenant est quelque chose de parfaitement défini et limité, quelque grand qu'on le suppose; quelque chose qui puisse renfermer cent fois, un million de fois l'objet contenu, et vous déclarez l'espace illimité ! Le mot *contenant* implique aussi bien l'idée de bornes que le mot *contenu ;* comment l'indéfini ou l'illimité peut-il contenir? Il y a contradiction dans les termes.

Lorsque, pensant à l'univers matériel, vous vous demandez si *l'espace pur* n'est point au delà, comme l'a fait M. Ampère, ce que vous cherchez ce n'est pas l'espace pur, c'est le vide, chose toute différente, et ce vide, je doute que vous le trouviez jamais. Vous pouvez faire abstraction de l'air (l'atmosphère n'a, dit-on, qu'une épaisseur de 15 lieues) ; mais tout ce qu'on appelle des agents impondérables ne circule-t-il pas partout ? — Le vide que poursuit le physicien philosophe, n'est nulle part, comme l'espace pur : ou plutôt l'espace pur se trouve quelque part : il est dans la pensée humaine, et il ne se trouve que là. Voilà pourquoi une des sciences abstraites, la Géométrie, a raison de se définir *la science de l'espace.* Ce qu'elle étudie n'existe point dans la nature. L'espace n'est ni une qualité première, ni une qualité seconde des corps ; il n'est pas davantage une qualité des esprits ; il ne peut ni agir, ni pâtir, ce qui est vrai de tous les êtres, comme le remarque Platon ; de sorte que l'espace n'est ni qualité, ni essence, ni puissance, ni acte. Il ne peut donc plus être qu'une chose, un rapport, un rapport de coordination entre les êtres sensibles, ou suivant les termes mêmes de Leibnitz : *L'ordre de coexistence des choses*. En effet, nous ne pourrions point distinguer les corps les uns des autres, nous les représenter nettement, nous les rappeler si nous ne leur assignions pas, par la pensée, à chacun, une place eu égard à notre corps, ou à d'autres corps connus, pris comme termes de comparaison.

Tout ce que nous venons de dire du temps et de l'espace a préparé la réponse à cette question : le temps et l'espace sont-ils infinis ? Il est évident qu'il faut d'abord s'entendre sur les termes et bannir tout équivoque. Par ces deux mots nous ne désignons ni l'*éternité*, ni l'*immensité* que l'on regarde comme deux attributs de l'infini réel et vivant. Cette déclaration peut suffire à quelques esprits, d'autant plus que nous reviendrons sur ces attributs, en parlant de Dieu ; pour ceux qui voudraient une explication de plus, la voici.

Quand on dit : l'*espace est infini*, dans quel sens emploie-t-on ces mots ? Il est important de bien s'en rendre compte. Je vois, ou je conçois un objet d'une dimension déterminée, je me le figure occupant une *portion de l'espace ;* si l'objet était plus considérable, je dirais qu'il occupe une partie plus considérable de l'espace ; je comprends que l'objet supposé peut croître indéfiniment sans rencontrer jamais les limites de l'espace... Il dépend de moi d'ajouter sans cesse à une portion d'espace déterminée des espaces toujours plus grands, s'enveloppant les uns les autres ; comme je puis m'arrêter où bon me semble, aucune nécessité logique ne me pousse, aucune loi des choses ne me contraint. Pourquoi cela ? parce que l'espace n'est ni dans les choses, ni hors des choses, et que l'esprit, qui a formé cette conception à propos des corps, en reste le maître jusqu'au bout.

Plus tard nous montrerons qu'il faut entendre par *infini* ce à quoi on ne peut ni ajouter ni retrancher. Si, au moment où je m'arrête dans ces conceptions d'espaces de plus en plus grands, je sais de science certaine que je puis pousser plus loin, et ajouter à cet espace considérable que je viens d'imaginer un espace nouveau ; je puis dire que l'espace n'est point infini par essence, qu'il est une quantité, comme toutes les autres quantités, susceptible d'augmentation et de diminution, ce qui en fait quelque chose d'absolument opposé à l'infini véritable. Quand j'y pense vaguement, sans le rapporter à des étendues sensibles, il est pour moi *indéterminé* (si la langue philosophique était rigoureuse elle devrait adopter ce mot), et non *infini*. Au moment même où je cesse d'assigner des limites à l'espace, je sens que je puis lui en assigner encore, et qu'il n'y a nulle contradiction à le faire. Ainsi l'idée d'espace se présente à moi sous deux formes : ou elle est indéterminée comme toute idée abstraite généralisée, comme les idées de couleur, saveur, odeur, etc.; ou elle est déterminée, parce que mon esprit la rapporte à des étendues limitées, restreintes, finies.

Ce que nous disons de l'espace nous devons le dire du temps : ce dernier est une quantité abstraite, servant d'unité de mesure en une foule de cas. La définition même que nous en avons donnée nous montre qu'il ne saurait être infini, au sens où nous voulons prendre ce mot. On a beau accumuler des siècles, à ce nombre considérable d'unités de temps vous comprenez que vous pouvez toujours en ajouter une nouvelle, et lors même que vous ne le faites pas, en pensée ou en parole, vous sentez que vous êtes toujours libre de le faire. L'espace et le temps conviennent, non-seulement à tout le réel, mais encore à tout le possible, précisément parce qu'ils sont des conditions de l'être fini, et non réellement de l'être.

Quand un poëte a dit :

> Le temps, cette image mobile
> De l'immobile éternité.......

ou il n'a dit absolument rien, ou il a voulu dire que le temps n'existe point comme réalité (1).

---

(1) On a pu déjà remarquer quelques redites; on en trouverait d'autres, pag. 75 et suivantes. On s'apercevra aisément que ce qu'on a sous les yeux était des leçons avant d'être les chapitres d'un livre. L'auteur croyant ces redites nécessaires à la clarté de l'exposition s'est contenté d'y faire de légers changements dans les termes.

CHAPITRE III.

DE LA NOTION DE CAUSE, ET DU PRINCIPE DE CAUSALITÉ.

Jusqu'ici nous n'avons point trouvé le Dieu que nous cherchons; nous avons cru, un moment, l'avoir atteint, en nous figurant le temps et l'espace comme des choses *infinies*. Mais je me suis aperçu que ce sont deux infinis imparfaits, puisque, quelque grands que je les imagine, je sens que je puis toujours y ajouter quelque chose, ce qui est une marque évidente d'imperfection, tandis que je conçois un infini auquel on ne peut ni ajouter ni retrancher sans le détruire, et c'est celui-là seul que j'appelle Dieu.

Peut-être serons-nous plus heureux avec la notion de cause.

Nous avons vu que la première cause que nous connaissons c'est nous-même, c'est notre âme, c'est notre moi. Cette cause étant intelligente et libre, par une illusion primitive et toute naturelle, nous attribuons les mêmes qualités aux causes que nous connaissons ultérieurement. On a donc eu tort de prétendre que la notion de cause nous vient du dehors, ou que c'est *l'effort* de notre volonté pour mouvoir nos membres qui la produit en nous. Je veux être attentif; je le suis, tantôt sans effort, parce que je suis bien disposé; tantôt avec effort, parce que je me sens nonchalant, ou contrarié par les causes nombreuses de distraction qui sont hors de moi. On me pose un problème : j'y réfléchis; la réflexion vient de moi, j'en ai conscience, aussi bien que l'attention, aussi bien que toutes les combinaisons que j'essaie pour résoudre mon problème. Je le résous, j'en suis joyeux, fier. Pourquoi? parce que c'est mon activité qui était en jeu dans tout ce travail, parce que c'est moi qui ai triomphé de la difficulté, que c'est à moi qu'en revient tout l'honneur. Je n'aurais pas réussi, les efforts que j'aurais fait pour arriver à la solution restent toujours à mon compte. Je suis donc cause de mes opérations intellectuelles, sinon de mes idées, de toutes mes idées.

J'ai soif et j'ai très-chaud; on m'a dit qu'en ces conditions il était imprudent de boire, je ne cède pas à la tentation. M'abstenir dépend de moi; je suis maître de le faire ou de ne pas le faire. Dans cette abstention j'agis avec intelligence; je me reconnais cause intelligente et libre. Enfant, je m'abstiens peut-être aussi : toutefois rarement par raison, mais par peur des réprimandes, ou de pire encore. Or, dans ce cas, je sens que mon sacrifice est volontaire, et que je suis libre de me procurer une sensation agréable, au risque de payer ce vif plaisir d'une douleur non moins vive qu'on m'infligera si l'on me voit, ou si l'on sait ce que j'ai fait. On appelle souvent les enfants de petits volontaires.... c'est qu'il y a une singulière jouissance à faire en tout et partout sa volonté. Les grandes personnes le savent bien aussi. C'est que la volonté c'est le moi cause, et que nous avons tous au plus haut degré le sentiment de notre causalité.

Bien que l'effort pour mouvoir nos membres soit ordinairement imperceptible, il est des cas cependant où il se fait sentir, dans la lassitude, ou dans le cas d'une douleur au membre à remuer. C'est alors que je me dédouble, que je me sens cause associée à une autre force, à une autre cause qui me résiste en une certaine mesure; dès ce moment, je ne puis douter qu'il y ait hors de moi, hors de mon âme, je veux dire, des causes analogues à la cause qui est moi. Mon corps qui, en certaines circonstances, demande de ma part un certain effort pour être remué, déplacé; qui limite, circonscrit par la sensation ou l'appétit l'activité de mon âme, et s'impose à elle, mon corps est la première cause externe que je connaisse. C'est par son intermédiaire que j'entre en communication avec les autres réalités physiques. Je vois un corps, je veux le déplacer; je le pousse, je le traîne, ou je le soulève; je sens qu'il y a une force en lui qui me résiste, et cette force c'est son *poids;* pour le déplacer je dois déployer une force égale à celle qui réside en ce corps, et mesurer mon effort à la résistance qu'il m'offre. A ce moment, j'ai conscience de mon *effort* à la fois et de la *difficulté* que l'objet oppose au mouvement que je veux produire; je distingue parfaitement les deux faits, je discerne nettement les deux causes, celle que je suis, et celle que j'appelle corps. Dans le corps, la force est quelque chose de fixe et de constant; moi, je suis doué d'une force très-variable dont je dispose à mon gré : je viens de soulever un corps d'un poids déterminé; j'en veux soulever un plus lourd; je fais un effort plus considérable, et je réussis. Un moment viendra, sans doute, où je ne pourrai plus, et cette limite, je sens bien qu'elle est dans mon corps, car ma conscience me dit que je puis vouloir indéfiniment, que le vouloir en moi n'a pas de bornes, ce qui distingue profondément mon âme de mon corps et de tous les corps environnants.

J'ai besoin de réduire un corps en poudre, là

encore je trouve une résistance à vaincre, et je proportionne l'effort à la résistance qu'il me faut vaincre. Cette résistance a une cause; on l'appelle *cohésion* : c'est une force qui lie entre elles toutes les molécules de la matière. Cette force, je puis m'en assurer par ma propre expérience, varie avec l'état des corps, et dépend de cet état. Ainsi je la trouve plus considérable dans un corps à l'état solide: moindre dans le même corps à l'état liquide; et, à l'état gazeux, elle semble contre-balancée, sinon vaincue, par une force d'expansion qui écarte les molécules au lieu de les rapprocher, L'expérience me fournit donc partout l'idée de cause et en moi et hors de moi. Quand je prends connaissance de la matière elle ne m'apparaît donc pas uniquement comme une réunion de formes, de figures et de couleurs qui frappent mes yeux, comme un ensemble d'étendues, en un mot, elle se révèle en même temps comme un système de forces au sein desquelles doit se mouvoir et se diriger mon corps, s'en faisant des auxiliaires dans mes desseins, mais avant tout évitant d'être heurté, meurtri, anéanti par elles.

Ainsi : étendue, force, voilà la matière : j'ajouterai que ces deux choses sont inséparables l'une de l'autre, et que l'étendue, la molécule, l'atome est le *substratum* de la force.

A ce sujet, il est deux préjugés qu'il est bon d'examiner ici : un préjugé vulgaire et un préjugé scientifique.

Quand nous parlons de *mouvements* dans la nature, il semble que nous n'ayons jamais en vue que ceux que l'homme y produit. Les autres sont imperceptibles, ou nous sont trop familiers pour que nous les remarquions.

Nous voyons que, toutes les fois qu'il déplace un corps dans l'espace, en se servant seulement de ses forces, ou à l'aide d'instruments, la force qui produit l'effet est hors du corps, qui ne nous paraît plus qu'une masse inerte, et le point d'application se trouve à la surface de ce corps. De la séparation de la force et de l'étendue en cette circonstance, nous concluons à une séparation réelle.

De même, les savants, pour plus de simplicité et de clarté dans leurs démonstrations, sentent le besoin de montrer d'un côté les forces en jeu, et de l'autre les points matériels auxquels elles s'appliquent. Nous disons *points matériels*, bien que cette création, tout abstraite, ne conserve plus rien de l'étendue sensible, de sorte que nous n'avons plus affaire qu'à des êtres de raison, à des forces idéales qui s'équilibrent, comme dans la statique, ou qui produisent des déplacements, comme dans la dynamique. Ces habitudes d'esprit peuvent amener le mathématicien à séparer, dans la Nature ce qui s'y trouve étroitement uni, ce qui ne fait qu'un. Aussi nous rangeons-nous absolument à la double affirmation de Büchner : *Point d'étendue sans force, point de force sans étendue* (1), seulement en ayant soin d'en restreindre la portée au monde physique.

Ecartons donc toute abstraction qui tendrait à fausser nos idées sur la matière. Il est très-important pour nos études ultérieures de la voir telle qu'elle est en réalité. A ce sujet, nous devons nous garder soigneusement de ce penchant que nous avons de considérer le mouvement en lui-même, comme une cause distincte des objets matériels. Nous disons : Tout est mouvement dans le monde sensible; tout s'explique par le mouvement; le mouvement est la cause de tout. En y regardant de plus près nous ne sommes pas longtemps à découvrir que le mouvement est tour à tour *cause* et *effet;* qu'il n'est point une réalité, mais un état; qu'en un mot, dans l'univers matériel, il n'y a pas des *mouvements*, mais des *agents impondérables et des corps se mouvant.*

C'est par le contact, le plus souvent, que le mouvement se propage d'un corps à un autre.

---

(1) *Force* et *matière*, par Louis Büchner, traduit de l'allemand, par A. Gros-Claude.

Ainsi le feu, en contact avec les parois d'une chaudière, développe la force élastique de la vapeur, qui meut un piston, lequel meut un engrenage, celui-là un laminoir, par exemple; et ce dernier donne à une masse de fer une épaisseur voulue. Dans cette suite d'opérations je vois des corps se mouvant les uns les autres, et rien de plus.

Il n'en est pas toujours ainsi, qui ne le sait? Il se produit quelquefois un phénomène qu'on appelle *la vitesse acquise*. Mais ce fait prouve qu'il y a dans la matière aptitude à recevoir et à transmettre le mouvement, et non *inertie*, dans le sens d'indifférence au mouvement. Il y a en elle des forces endormies, ou latentes, si l'on veut, qu'une impulsion éveille et met en jeu. Les savants disent: la matière est inerte en ce sens qu'elle ne peut ni se donner d'elle-même le mouvement, ni changer la direction de celui qu'elle a reçu. Et le vulgaire de penser qu'il n'y a en elle nulle force. Pourquoi ne voir d'activité que dans le déplacement? Il est d'autres faits qui prouvent que tout dans la matière est force et action, à commencer par l'attraction moléculaire.

Ici se présente un nouvel ordre d'idées et de faits. Nous avons parlé de la communication du mouvement par le contact; or, nous voyons des forces dont l'action se fait sentir à distance, tantôt étant en équilibre, tantôt agissant sur un ou plusieurs corps en sens inverse, de façon que le mouvement se produise dans le sens de la plus considérable, et que la résultante soit la différence entre elles.

Ainsi, c'est à travers le vide, ou les pores, que les diverses molécules d'un corps s'attirent, qu'agit l'affinité ou la cohésion.

Ainsi, quand on place à petite distance l'un de l'autre une sphère et un cylindre électrisés, le fluide positif de la sphère agit à distance sur le fluide neutre du cylindre, pour le décomposer, attirant l'électricité négative et repoussant la positive. C'est là ce qu'on appelle l'*électrisation par influence*, c'est-à-dire, en l'absence de tout contact.

J'ai à la main un barreau aimanté, je l'approche d'un poisson de métal qui flotte sur l'eau, et le poisson se précipite sur le barreau : voilà encore une force qui se manifeste à distance.

Comment expliquer ce mode d'action? — Je ne sais. Mais, faut-il y voir l'effet d'une force immatérielle, placée au dehors des corps, et n'ayant rien de commun avec l'étendue? L'expérience s'oppose absolument à cette conception.

Si la force en question était immatérielle, la matière ne saurait être un obstacle à son action;

elle agirait à toute distance, elle ne serait soumise à aucune des conditions auxquelles est soumis tout ce qui tombe sous nos sens.

Or, dans les divers cas que nous venons de signaler, les forces en jeu ont souvent à vaincre la résistance des milieux dans lesquels elles se déploient : la résistance de l'air, par exemple, et leur énergie varie avec la distance. Ainsi, la balance de Coulomb le prouve, pour le magnétisme, les attractions; pour l'électricité, les attractions et les répulsions sont *en raison inverse du carré des distances.*

C'est aussi la loi de la gravitation universelle. La cause de tous les phénomènes dont nous parlons ici doit donc se ranger parmi les causes matérielles.

Je dis plus : elle n'est pas distincte de l'étendue. En effet : ajoutez une quantité visible de matière à un corps donné, ou retranchez une même quantité, il semblerait que vous ajoutiez des forces nouvelles ou que vous en retranchiez, puisque *les attractions ont lieu en raison directe des masses.*

L'étendue visible joue donc un rôle dans ces phénomènes? Un corps est donc un agrégat de molécules, de monades essentiellement actives? En un mot : l'étendue et la force sont inséparables.

Ainsi l'expérience me révèle partout des forces, des causes et des effets, en moi et hors de moi; partout où ma vue s'étend, où mon regard peut pénétrer. Mais, quand je songe à la position de l'individu dans l'univers, à ce canton détourné de la nature où il se trouve égaré, au petit nombre d'individus, semblables à lui, qu'il peut connaître, au point imperceptible qu'est sa vie comparée aux siècles qui l'ont précédé, et aux siècles qui lui survivront, je comprends combien son expérience doit être bornée, et je me demande si l'esprit humain ne va pas au delà.

Il va au delà. Il ne se contente pas d'affirmer ce que le sens intime ou la perception externe lui permettent d'affirmer. Au lieu de dire : dans tout ce que j'ai observé jusqu'ici, j'ai découvert des causes et des effets, nous nous exprimons ainsi : Tout a une cause, êtres, phénomènes, changements d'état, passages de la puissance à l'acte.

Voilà un principe que je ne trouve pas seulement en moi, mais dans tous les hommes que je connais, savants ou ignorants, mais dans toutes les générations antérieures qui ont laissé d'elles un souvenir. C'est un principe universel, qui, par sa généralité même, me prouve qu'il ne peut venir de l'expérience, puisqu'il la dépasse infiniment. Ce n'est pas non plus à l'induction que je le dois. L'induction me donne des lois régissant un ordre déterminé de phénomènes, faits calorifiques, lumineux, magnétiques, etc. Le principe dont je parle embrasse sans distinction tous les faits de l'ordre moral et de la Nature. Il ne dérive pas, non plus, de la faculté particulière qu'on appelle généralisation. Les idées, ainsi formées, représentent des états, des caractères, des propriétés d'êtres connus, ou des rapports abstraits conçus sous les conditions de l'espace et du temps ; le principe : Tout a une cause, échappe à toutes les conditions de l'espace et du temps qui ne sont point comprises dans l'énoncé; et, au lieu de n'indiquer que des rapports purement extérieurs, il marque les rapports les plus intimes des êtres se modifiant les uns les autres, ou mieux encore, s'applique à des êtres réalisant des possibles, ou faisant passer à l'acte des virtualités.

Ce principe est donc supérieur à l'expérience ; il la dirige, l'éclaire et la soutient. Partout où mes sens me montrent une simple succession, je cherche le rapport de cause à effet; si je vois une série continue de phénomènes, ou d'êtres, s'engendrant les uns les autres, je remonte de causes en causes jusqu'au premier anneau de cette chaîne ; et si je trouve que ce premier être n'a rien de nécessaire et d'achevé, si je le vois soumis, comme toutes les choses finies, à la loi de l'espace et du temps, je remonte jusqu'à un être placé en dehors de ces conditions, le principe m'y autorise, jusqu'à ce que j'arrive à un être auquel le principe ne s'applique plus, car il est absurde de dire qu'un être est à lui-même sa propre cause. Cette marche ascendante je ne suis pas libre de la suivre ou de ne la pas suivre, une nécessité logique m'y pousse invinciblement.

L'antiquité me semble, en ce point, ne s'être pas rendu un compte exact de ses conceptions sur Dieu et la matière. Elle remarquait bien que tous les êtres naissent les uns des autres dans le règne végétal et dans le règne animal, et que tout sort du règne inorganique, de la terre, par exemple, pour ne parler que du globe que nous habitons. Mais, antérieurement à tout individu, c'est-à-dire à toute forme déterminée et vivante, ils admettaient la matière cause, source, substance de tous les êtres. Ainsi, en remontant de causes en causes, c'est à la matière qu'on s'arrêtait. Mais la matière, chose essentiellement indéterminée, admettant parfaitement les contraires, propre à recevoir les formes les plus opposées, qu'est-elle donc? Si elle est une pure abstraction, je comprends cette indétermination, cette indifférence à toute forme. Mais une abstraction ne saurait être la substance commune d'un nombre infini de réalités ; une abstraction ne saurait être éternelle ; son acte de naissance est écrit dans l'esprit humain.

Est-ce une réalité appartenant au domaine de l'expérience ? — Il faut le croire. Seulement, je veux appliquer à ce monde de l'expérience l'idée de cause ; c'est mon droit ; la raison m'en fait une obligation impérieuse. Mais, comme j'ai peur de m'y prendre mal, j'écoute les savants, et voici ce qu'ils me disent : Rien dans la nature ne se crée, rien ne se perd ; la *quantité de matière* reste toujours la même. Ainsi l'action de la cause se réduit à produire des *transformations*. Or, la transformation est un fait ; le passage de l'être d'un état à un autre est un fait ; commencement, développement, fin d'un mode d'existence, métamorphoses de mille sortes, faits que tout cela : on ne doit voir partout que successions, séries de faits ; le principe de causalité n'a rien à faire dans cette coordination de phénomènes. Voilà le langage que tient l'expérience. Je lui demanderai d'abord si elle est bien sûre de ce qu'elle avance. Quels sont ses moyens d'expérimentation ? Comment est-il possible de savoir que rien ne se crée actuellement, et que rien ne s'évanouit? (1).

Remarquez que nous avons, d'un côté, le principe de la raison qui est universel, nécessaire, absolu; de l'autre, l'expérience fort restreinte, renfermée en un coin imperceptible de l'univers; l'un vous dit : *Tout a une cause;* il n'y a partout que causes et effets; l'autre : il faut bannir du monde physique toute idée de cause ; ce principe trouve son exception dans les choses de la matière; là il ne s'applique plus.

De quel droit l'expérience vient-elle marquer des bornes au principe universel de causalité? Depuis quand l'expérience peut-elle se retourner contre la raison, et lui dire : tu n'iras pas plus loin? Cette manœuvre que l'on fait ici contre un des principes de la raison, vous pouvez la faire contre tous les autres, et l'anéantir, de façon qu'il ne reste plus que les données de l'expérience. Cela serait plus commode, et il vous serait plus facile d'arriver à vos fins, qui sont (il serait aisé de le deviner si vous ne le disiez pas vous-mêmes), de vous passer de Dieu dans l'explication du monde. Mais, par une contradiction étrange, vous admettez des choses éternelles, la matière entre autres. Or, l'idée d'*éternité* est un

---

(1) Voir cette discussion plus approfondie dans l'excellent livre : *Le matérialisme et la science*, de M. Caro, p. 222.

concept de la raison pure. Vous ne me ferez
jamais croire que l'éternité soit chose que l'on
constate et que l'on vérifie par l'expérience.
Comment, sur ce point, instituer des expéri-
mentations vraiment scientifiques? Pour découvrir une loi on étudie un ordre de phénomènes
sur divers points de l'espace et de la durée. Ici,
il s'agit de quelque chose de plus qu'une loi,
et choisissez donc vos points d'observation dans
l'espace et surtout dans la durée.

On me répond : le principe de l'éternité de la
matière n'a rien de commun avec la raison, il
est la conséquence rigoureuse de cette proposition : Rien ne se crée, rien ne se perd. Êtes-
vous bien sûrs que ces masses énormes de gaz
qui résultent de la décomposition des solides ou
des liquides, ou de toute autre cause, et qui se
répandent dans l'atmosphère, y persistent toujours, sans que jamais un atome puisse être
anéanti? Si rien ne se crée sur notre planète,
êtes-vous certain que dans les régions lointaines
de l'univers il ne se produise pas des mondes nouveaux? Si l'on a des preuves de ce que l'on affirme,
qu'on les donne, sans sortir de l'expérience, bien
entendu.

Si les principes sont mal assurés, si ce sont des
assertions que rien ne justifie, la conséquence

je veux dire l'éternité de la matière, n'est plus qu'une hypothèse que nulle expérience ne peut vérifier.

J'admets, pour un instant, qu'il soit démontré que rien ne se crée, rien ne se perd, vous aurez un fait observé et observable dans le présent, mais quelle conséquence à tirer de ce fait? Les choses se passent ainsi maintenant, dites-vous; pouvez-vous ajouter : donc elles se sont toujours passé ainsi, et se passeront toujours de même? Vous ne voulez pas que les faits influent les uns sur les autres; vous ne reconnaissez que des successions de phénomènes; donc, le passé et l'avenir sont tout à fait indépendants du présent; donc, il n'y a pas à conclure du présent à l'avenir et au passé, donc l'éternité de la matière n'est nullement démontrée, ou plutôt elle ne peut être une conséquence du principe dont on la fait découler. Il ne faut donc voir dans cette affirmation : *la matière est éternelle*, qu'une application à la matière d'une notion *à priori*. Or, pour que l'application fût légitime il faudrait prouver que la matière est quelque chose de nécessaire, qui a en soi sa raison d'existence et la raison d'existence de tous les autres êtres ; ce qui serait difficile. Si cela n'est pas, elle est contingente; et s'il faut lui retirer cette éternité qui la soutenait dans l'être, et excluait toute idée de causalité, je reviens avec cette idée de la raison que plus rien ne proscrit, et je replace le monde physique sous la main du Créateur.

Je possède un principe universel, nécessaire, absolu; je me crois en droit de chercher une cause dont la puissance soit adéquate à ma conception, c'est-à-dire une cause dont l'action ne soit limitée par rien, ni par le temps, ni par l'espace, ni par une cause quelconque. Voilà pourquoi il était important de se faire une idée juste de la matière. Quelle est cette cause, comment la nommer ? Si on la découvre dans le monde physique, ne peut-on pas la découvrir aussi dans le monde moral? Telles sont les questions que nous examinerons dans les chapitres suivants.

CHAPITRE IV.

LE PRINCIPE DE CAUSALITÉ APPLIQUÉ AUX DONNÉES DE LA CONSCIENCE.

L'idée se distingue de tous les autres faits de conscience en un point essentiel, elle a un objet, ou, comme l'indique l'étymologie, comme l'ont enseigné certaines écoles, elle est *image*. Son objet, c'est tantôt une manière d'être, une faculté, une propriété de quelque être; tantôt l'être lui-même; tantôt un rapport entre deux ou plusieurs êtres. Quand l'idée représente exactement son objet, elle est *vraie;* elle est *fausse* quand elle ne le représente qu'imparfaitement. Cette qualité d'être *vraie* ou *fausse* n'appartient qu'à l'idée, parce que seule elle représente. Une sensation, un désir, une résolution, toutes choses qui ne sont ni vraies ni fausses; elles sont. Si, à toute force, on voulait dire qu'elles *représentent*, il faudrait dire qu'elles représentent le sujet en qui elles résident, ou, pour parler comme les Allemands, qu'elles sont *subjectives*.

Cette propriété des idées de représenter s'appelle, par opposition aux faits précédents, leur *valeur objective*. Se demander quelle est la valeur d'une idée, c'est se demander dans quelle mesure elle nous fait connaître la réalité. Toute la logique consiste à enseigner les moyens de constater la conformité de l'idée à son objet, de contrôler la valeur de nos connaissances. La certitude est à ce prix.

Nous pourrions donc aborder le problème de l'existence de Dieu par ce côté, et chercher si l'être représenté par l'idée de Dieu possède toutes les qualités renfermées dans ce concept de la raison pure, y compris l'existence, bien entendu. Mais la polémique de Kant contre la valeur objective des idées *à priori* a laissé des traces si profondes dans beau nombre d'esprits que nous voulons échapper à la critique de ce philosophe, en arrivant par une autre voie. Eût-il mille fois raison dans ce qu'il nie, peu nous importe : ce qu'il nie, ce n'est pas ce que nous affirmons. Il peut avoir raison, sans que nous ayons tort. Nous ne nous demandons pas si l'idée de Dieu a une valeur objective, ou non. Kant dit non ; nous ne disons ni non ni oui. Nous ne nous demandons pas si cette idée représente un objet réel, mais si elle a une cause, et quelle est cette cause. L'idée n'est plus alors une image, elle est un effet. Le scepticisme de Kant, j'en conviens, a légèrement compromis la notion de cause elle-même ; mais nos études précédentes lui auront rendu, je l'espère, toute sa valeur. Nous croyons avoir assuré nos derrières.

D'ailleurs, ce philosophe qui, dans la *Critique de la raison pure,* refuse à l'idée de Dieu toute valeur objective, affirme dans la *Raison pratique* l'existence de Dieu, et la nécessité d'une religion naturelle, et cela, au nom du concept de fin et de souverain bien. Or, nous devons, dans notre démonstration, nous appuyer sur cette double idée; par conséquent nous sommes en règle avec l'idéalisme transcendantal.

Examinons d'abord une objection qui pourrait se présenter à l'esprit de quelques kantistes obstinés. Nous allons essayer de prouver qu'il y a en nous des idées qui ne sont pas de nous, ou, pour employer le mot consacré par quelques philosophes, des idées *impersonnelles.* Est-ce possible? Cela arrive tous les jours. J'étudie dans les comptes rendus de l'Académie des sciences une découverte qu'on vient de faire en physique, en chimie, en mécanique. Je tâche de comprendre la pensée de l'inventeur. Ces idées ne sont pas *de moi,* mais elles sont *miennes,* dès que je les comprends; elles font partie de mon entendement : elles sont mêlées à toutes celles que je possède, quelle qu'en soit la source. Elles appartiennent à ma vie intellectuelle et y contribuent. En bien des cas, je les invoque à l'appui de mes raisonnements ; elles ont pour moi un autorité sans conteste, et plus d'une fois elles m'ont servi de règles de conduite dans mes relations avec les corps.

Ainsi *subjectivées* comme elles le sont, tombées en une certaine manière sous la dépendance d'un sujet pensant qui est moi, elles n'en restent pas moins *impersonnelles* et pas moins vraies.

Elles n'en sont pas moins vraies, et pourtant Kant trouvait un grave inconvénient à ce que les notions *à priori* tombassent ainsi dans le domaine de l'expérience : il imaginait, pour y obvier, une double conscience : une conscience *expérimentale*, pour ainsi dire, ne saisissant que les phénomènes, tout ce qui est multiple et divers, et une conscience *transcendantale* introduisant l'unité dans cette infinie variété des faits. Il croyait sauver ainsi les données de la raison, en lui donnant dans l'entendement une place réservée, où le subjectif ne va point. Mais une difficulté insurmontable me semble résulter de cette explication. Le jugement ne se forme qu'en vertu d'une alliance effective entre l'expérience et la raison. Or, de deux choses l'une, ou il n'y a pas communication entre les deux consciences, ou il y a communication : s'il n'y a pas communication, la conscience transcendantale est préservée du contact impur de l'expérience, mais tout jugement devient impossible, car chacune n'a qu'un élément du jugement tout entier. Or, le jugement est un fait; il faut donc qu'il y ait communication entre les deux consciences; dès ce moment les données de la conscience transcendantale, en pénétrant dans les régions de l'expérience, se *subjectivent*, et doivent perdre, aux yeux de Kant, leur caractère de nécessité et d'universalité. C'est à une contradiction manifeste qu'aboutissent, le plus souvent, les savantes constructions psychologiques du philosophe allemand. Une conscience suffirait évidemment, puisque la plus humble doit connaître de tout ce qui se passe dans la plus haute. S'il existe une distinction réelle entre les vérités *à priori* et celles qui ne le sont pas, si cette distinction est reconnue, non-seulement par Kant, mais encore par tous les philosophes spiritualistes, il faut croire que le sujet pensant n'altère point les premières au point de leur enlever leur caractère essentiel; il faut croire que, tout changeant et tout personnel qu'il est, il ne marque point nécessairement de son propre caractère tous nos jugements; il faut croire qu'il a une aptitude particulière à discerner ce qui est universel et absolu de ce qui ne l'est pas, et que toute connaissance humaine se ramène à une double expérience, l'expérience des choses nécessaires et l'expérience des choses contingentes; qu'une même conscience embrasse ces deux classes d'objets sans jamais en effacer la différence, sans les confondre jamais.

Il peut donc y avoir en moi des idées qui soient miennes, sans venir de moi. C'est ce qui faisait dire à Fénelon : « Mes idées sont moi-même, car elles sont ma raison.... D'un autre côté, mon esprit est changeant, incertain, ignorant, sujet à l'erreur, précipité dans ses jugements, accoutumé à croire ce qu'il n'entend pas clairement, et à juger sans avoir bien consulté ses idées, qui sont certaines et immuables par elles-mêmes.... Mes idées sont supérieures à mon esprit puisqu'elles le redressent et le corrigent... elles subsistent très-réellement... rien n'existe tant que ce qui est universel et immuable. Il faut donc trouver dans la nature quelque chose qui soit au dedans de moi, et qui ne soit pas moi; qui me soit supérieur et qui soit en moi lors même que je n'y pense pas; avec qui je sois seul comme si je n'étais qu'avec moi-même. » (*Traité de l'existence de Dieu*, II part., c. IV, § 49.)

Quel est donc le rôle de ces idées, *impersonnelles* en la mesure où nous venons de le voir? Le voici :

Je suppose que l'on termine un long raisonnement, qu'on vient de faire devant moi, de la façon suivante : donc $A = B$, A, étant une partie, et B le tout; je répondrais : impossible;

Je suppose que vous terminiez un autre raisonnement comme il suit : donc, $A < B$, A et B étant tous deux égaux à une même quantité C, je dirais encore : impossible.

Je viens d'avoir affaire à des objets contingents, il est vrai; mais les rapports qu'ils ont entre eux sont *nécessaires*, je le sens, ils s'imposent à mon esprit.

Je suppose que vous me proposiez de trahir mon père, de tuer ma sœur pour avoir une belle fortune, en me donnant un moyen sûr d'échapper à la justice humaine, je répondrais : impossible.

Je suppose enfin qu'on me présente un individu ayant les lèvres épaisses et pendantes, le nez camus, le front bas et déprimé, les oreilles énormes, les membres grêles, la région abdominale très-développée, et qu'on me dise : vous devez admirer cet homme et le trouver beau; pour la quatrième fois sortirait de ma bouche le mot : impossible.

Ainsi dans une foule de circonstances, j'en ai cité une sur mille, mon activité intellectuelle trouve une limite, et se heurte à une impossibilité. Si je m'arrête devant ces impossibilités, si je respecte ces barrières, je suis regardé comme un esprit juste et sain ; si je passe outre, on dira que je n'ai pas le *sens commun*, que j'extravague. Il existe donc des conditions au développement de ma pensée, à l'exercice de mes facultés intellectuelles ; ces impossibilités, je les appellerai des lois de l'esprit humain, et je dirai que pour lui tout est vérité en deçà, erreur, au delà. Si la vie intellectuelle est ainsi régie par des principes supérieurs auxquels elle doit se conformer, on peut dire que la vie morale l'est également ; mais qu'ici, plus encore que pour l'esprit, l'oubli des principes et des règles est suivi de graves conséquences. La souffrance, attachée à cet oubli, est vive et profonde, et n'a rien de volontaire. On dirait qu'il y a dans nos pensées et nos actions un certain ordre dont nous ne pouvons nous écarter sans compromettre la vie de nos âmes.

Ce que nous disons des âmes nous pouvons le dire des corps. L'existence matérielle dépend de certaines lois qu'on ne peut enfreindre sans s'exposer à périr. Nous ne connaissons point, il est vrai, ces lois d'une vue nette et claire, mais d'une façon instinctive et confuse; c'est pourquoi la nature nous donne des avertissements qui valent mieux que la science même. Quand mon corps n'est point dans les conditions où il doit être pour que toutes ses fonctions aient lieu d'une manière régulière, quand ses relations avec les autres corps sont compromettantes, il y a pour moi malaise, gêne, douleur, anéantissement quelquefois; si tous mes organes sont sains et intacts, si la vie circule aisément dans toutes les parties de mon corps, si aucun ressort ne crie, j'éprouve un indicible bien-être, et mon humeur s'en ressent. Ainsi, remords ou joies d'une bonne conscience, souffrances physiques, ou plaisirs indéfinissables de la santé; ainsi, amères déceptions d'un esprit ridicule, satisfactions d'une intelligence qu'on estime droite et saine; tout cela prouve qu'il y a un ordre général qui nous surpasse et nous domine, et que nous sommes maintenus dans la dépendance de cet ordre par le double aiguillon du plaisir et de la douleur.

S'il y a des lois de la vie spirituelle, et de la vie physique, évidemment ces lois nous ne les avons pas faites : il ne nous est donné que de les connaître en une certaine mesure. Les lois ne peuvent être que l'expression des rapports nécessaires des êtres entre eux, rapports qui dérivent de leur nature. Donc, pour imposer à un être sa loi, il faut connaître cet être à fond. Un être ne peut donc pas être lui-même l'auteur et le promulgateur de sa loi, d'abord, parce qu'il ne se connaît pas assez à sa naissance, et que le développement spontané de ses facultés suppose déjà une connaissance instinctive, c'est-à-dire vague et confuse de sa loi ; ensuite parce que, même au terme de sa carrière, on peut dire qu'il ne se connaît jamais à fond.

Maintenant rentrons en nous-mêmes et consultons le sens intime. Je découvre trois ordres de faits parfaitement distincts. Il en est qui viennent de moi, j'en ai la certitude. Je suis attentif; je compare deux idées ; j'abstrais, je généralise; je raisonne ; je cherche à comprendre ce qu'un autre me dit, je veux le retenir ; je résiste à un appétit, à une passion ; je prends la résolution de travailler, je travaille malgré un penchant à la paresse, etc. : voilà des faits que je m'attribue, dont je me regarde comme la cause. Est-ce là tout ce que me révèle la conscience? Non, ces phénomènes ne se présentent jamais seuls, ils sont associés, mêlés à d'autres faits d'une autre nature.

J'éprouve une sensation douloureuse; elle persiste ; je voudrais la faire cesser, mon désir ou ma volonté ne suffit pas ; la cause échappe à ma connaissance ou à mon action. Cette douleur qui m'obsède vient du dehors : cet état, mon âme le subit; elle se sent modifiée par quelque chose d'étranger à elle; l'effet est en elle, la conscience l'atteste ; mais la cause est ailleurs. Envahie par cette nature physique, à laquelle elle est liée, elle ne peut rien faire pour la repousser; elle en accuse la présence.

D'un autre côté, si je tentais, par un seul acte de ma volonté, de produire en mon âme les jouissances attachées à certaines fonctions de la vie des sens, j'échouerais. Je sais qu'on me parlera de ces jeux de l'imagination qui *font venir l'eau à la bouche*, et éveillent mille désirs. Mais il faut reconnaître que ce n'est pas directement entre ma sensibilité et ma volonté que la chose se passe, qu'il y a un intermédiaire, l'imagination, et que celle-ci ne nous émeut qu'en nous représentant des plaisirs dont nous avons l'expérience, et en fixant notre esprit sur cette image. Donc, la sensation agréable, pas plus que la sensation pénible, n'a sa cause dans notre volonté ; la sensation est en moi ; mais elle n'est pas de moi; nous le savons bien, elle est en mon âme la manifestation du monde physique.

En troisième lieu, la conscience atteste la présence d'un certain nombre d'idées qui dominent toute la vie intellectuelle, et la favorisent en la gouvernant. Elles constituent les règles de l'entendement, du goût et de la volonté. Or, ces principes, qui sont en moi, ne viennent point de moi. Ils n'ont point les caractères de ma nature bornée et changeante; ils n'ont donc pu être imaginés ni par moi, ni par un autre homme. Ils ne viennent point de la sensation; la sensation est individuelle, ils sont universels. Ces idées sont des faits attestés par la conscience avec autant de force et de certitude que mes sensations ou mes volontés. Attaquer le témoignage du sens intime sur un de ces ordres de faits c'est l'attaquer sur tous; et nous avons vu que ce témoignage est inattaquable. Ces phénomènes sont liés les uns aux autres, et s'éveillent réciproquement en vertu d'une loi de ma nature ; mais éveiller, ce n'est pas produire, c'est être occasion, et non pas cause. C'est dans ce va-et-vient, dans ce mouvement incessant des phénomènes que consiste la vie de ma pensée. C'est donc au sein même de la vie que je cherche les éléments du problème qui m'occupe; c'est dans le concret que j'en veux trouver la solution, persuadé que de l'abstrait ne sort jamais que l'abstrait. Ma conscience affirme l'existence de trois classes de faits très-différents; j'ai déjà trouvé la cause de deux d'entre elles, la cause de mes volontés qui est moi, et la cause de mes sensations qui est mon corps, ou, par son intermédiaire, les autres corps. Reste les idées *à priori*, nécessaires, universelles, principes de toute intelligence et de toute lumière. Ces idées ne peuvent venir ni du monde physique, ni de moi : pourtant elles sont des effets, et j'ai le droit de leur appliquer le principe de causalité, comme je l'ai fait pour mes sensations et pour les actes de ma volonté. En même temps que j'éprouve une sensation agréable, je perçois l'idée d'étendue et de force, car, ma douleur ne se fait pas sentir en un point mathématique de mon corps, mais sur une certaine étendue dont j'ai parfaitement conscience; de plus j'y vois l'action d'une force qui contrarie, limite, comprime celle que je suis; cette force, j'en ignore le nom, mais je l'attribue à cette étendue sensible qu'on appelle corps; c'est là qu'elle réside, c'est de là qu'elle sort pour m'envahir. L'effet me révèle donc non-seulement la présence, mais encore la nature de la cause. Quant aux faits qui émanent de moi, je les connais par l'acte même qui me donne la cause : il n'y a pas, en ce cas, une opération qui me livre le phénomène, et une, la substance : la conscience saisit dans une unité indivisible l'acte, l'effet, la cause; elle prend sur le fait cette cause toujours agissante et toujours féconde, au milieu de l'inépuisable variété de ses développements. En appliquant l'analyse à ces phénomènes, comme nous l'avons appliquée à la sensation, nous voyons qu'ils supposent une substance vivante, libre, indivisible, identique, spirituelle, en un mot. Nous pourrons donc, en suivant la même marche, arriver à connaître la nature de la cause des idées.

Or, les idées dont il s'agit ici sont universelles; elles sont la loi de toutes les intelligences et de toutes les volontés; différentes des opinions vulgaires, ou des connaissances scientifiques, qui se renouvellent à chaque génération, elles restent toujours les mêmes depuis l'origine du genre humain; leur application seule a varié. Ainsi universelles, nécessaires, immuables, elles ont des caractères que je trouverai dans la cause. Cette cause doit être *immuable*, puisque les effets qu'elle produit dans le nombre indéfini d'individus existant et ayant existé sont toujours les mêmes ; et qu'elles peuvent s'appliquer à toutes les générations humaines possibles. En effet, le contraire de ces idées implique contradiction, elles ne peuvent donc cesser d'être vraies; par conséquent elles sont non-seulement immuables, mais *nécessaires*. De plus, ces idées sont des *lois*, non à la façon des sensations qui ne sont qu'attraits ou répugnances, mais à la manière des lois humaines tout jugements ou prescriptions; elles émanent donc d'une intelligence qui connaît le fond de notre nature.

Or, il y a deux manières de voir sur la présence des idées en nous : ou elles sont des caractères de race, **et comme la marque de l'ouvrier sur son ouvrage**, marque que tout homme apporte venant en ce monde, et c'est en ce sens qu'elles seraient *innées;* ou elles sont présentes à notre esprit en vertu d'une communication ininterrompue de nos intelligences avec un monde supérieur où elles résident, communication analogue à celle de notre corps avec le monde physique. Mais quelle que soit celle des deux explications que l'on adopte notre raisonnement est le même. La conscience nous révèle des phénomènes qui font partie de notre vie intellectuelle, et qui y jouent le rôle capital : ces phénomènes sont des effets; ils ne viennent ni de moi, ni du monde physique; ils doivent avoir une cause ayant mêmes caractères que ses effets; or, une cause immuable, nécessaire, intelligente a un nom dans toutes les langues, elle s'appelle Dieu. Donc, existence du moi, existence du monde physique; existence de

Dieu, trois vérités indissolublement unies au sein de la conscience.

A cette démonstration qui remonte de l'effet à la cause, nous en ajouterons une qui va des tendances à leur fin.

CHAPITRE V.

L'HOMME, FIN DE L'UNIVERS MATÉRIEL. DIEU, FIN DE L'HOMME.

Parmi les principes de la raison pure nous avons signalé, comme un des plus importants pour la science, le principe de causalité. *Tout a une cause,* voilà une proposition absolue, qui n'admet nulle restriction, pas même de la part de l'expérience ; qui nous force à remonter de causes en causes jusqu'à un être auquel il ne s'applique plus.

Il est un autre principe qui a tous les caractères du premier, qui semble n'être autre chose que le premier sous une autre forme, je veux parler du principe de finalité, ainsi conçu : *Tout a une fin.*

Ce principe est inné ; il n'est point dû à la réflexion ou à quelque méthode scientifique. On le voit appliqué à chaque instant par les enfants eux-mêmes. Que l'on prête une oreille attentive aux questions dont ils nous étourdissent : les comment et les pourquoi reviennent aussi souvent que les *qui?* et les *qu'est-ce qui?* Montrez-leur, pour prendre un exemple, la grande variété des instruments tranchants, ils vous demanderont le pourquoi de toutes ces différences, persuadés que cette diversité de formes répond à une diversité de fins. Et ils ne seront satisfaits que lorsque vos explications leur auront montré comment chaque espèce d'instruments est appropriée à l'usage que l'on en fait.

Plus tard, à l'âge mûr, l'homme ne rejette point cette idée comme un préjugé de l'enfance, comme une préoccupation puérile; la science, l'histoire l'atteste, doit plus d'une découverte à la recherche des causes finales. Je suis convaincu que cette recherche exclusive mène à l'erreur, que la recherche de la cause efficiente doit ordinairement la précéder; mais, prétendre que la première est toujours dangereuse et déplacée, c'est dire que l'hypothèse n'a jamais devancé l'expérience et l'induction sans un inconvénient fort grave pour la vérité. Si l'esprit humain a quelquefois besoin de plomb, on peut dire que ses ailes l'ont souvent porté dans des régions élevées, d'où il a eu une vue nette et claire de l'ordre universel des choses.

Ainsi, le principe de causalité est inné, nécessaire comme la raison, universel, et fécond. Nous pouvons donc l'appliquer au monde physique et au monde moral.

Voici ordinairement comment on pose la question de la finalité, et comment on la comprend.

On dit : chaque être est prédestiné par la nature à une certaine fin : il y a donc autant de fins que de natures différentes. La fin de chaque être c'est son *bien* : idée de fin et idée de bien, pour une même classe d'êtres, idées qui se confondent. Ainsi, dans l'univers, les fins ne sont pas subordonnées, elles sont coordonnées.

Je crois qu'ici il y a une idée fausse, ou une équivoque qu'il est bon de discuter avant tout.

Il semblerait résulter de cette manière d'entendre les choses qu'un être, pour trouver son bien, pour atteindre sa fin, n'a qu'à se renfermer en lui-même, à développer toutes ses tendances, à donner à son activité toute son énergie, à ses aptitudes tout leur essor, à ses diverses facultés le jeu le plus harmonieux : qu'il trouvera en lui toutes les ressources nécessaires pour assurer sa perfection et son bien-être ; que ces deux choses ne peuvent se rencontrer que dans une souveraine indépendance à l'égard de ce qui l'entoure, de ce qui est à côté, ou au-dessus de lui.

Voyons si les faits donnent raison à ceux qui parlent ainsi.

Le règne minéral se présente d'abord à nous comme une masse inerte et sans vie dans laquelle on distingue trois sortes de matières fort différentes : le sable ou la silice, l'argile et le calcaire.

Ces éléments se combinent en des proportions très-diverses, et, suivant celui des trois qui y domine, le terrain est de nature différente, et donne des produits différents. Cette variété de substances minérales a donc une fin évidente, cette fin n'est point dans le règne inorganique lui-même; elle est plus haute, la fin du minéral se trouve précisément dans le végétal.

Le végétal a une vie plus complexe que le minéral : déjà apparaissent des organes et des fonctions; puis une variété d'espèces fondées non plus sur la forme, sur la disposition intime des molécules, ou sur la composition atomistique, mais sur le nombre et la position des organes. Ce monde, déjà si riche et si beau, a-t-il sa fin en soi? Comment le croire en voyant chaque individu durer si peu ; en voyant cette destruction considérable qui se fait du végétal avant qu'il ait atteint son plein et entier développement, cette quantité de fleurs cueillies de façon à anéantir le nombre infini des fruits qui en devaient naître? La plante est arrachée quand elle pourrait produire encore ; l'arbre est coupé quand il n'est pas encore dans toute sa vigueur et dans toute sa beauté. Quelle est donc la loi ici? Est-ce la vie, est-ce la mort? Est-il possible que le règne végétal soit sa fin à lui? Que d'individus incapables de jamais l'atteindre! Quelle méprise de la nature!

Que l'on contemple sur une seule plante ces myriades d'insectes qui s'y abritent et s'en nourrissent, et l'on aura vu en raccourci ce qui se passe sur tous les points de notre globe. Le végétal est fait pour l'animal, voilà sa fin : les natures inférieures ont leur fin, non plus en elles-mêmes, mais en des natures supérieures. Ainsi, mais ainsi seulement, on s'explique non pas pourquoi meurent, le mot serait impropre, mais pourquoi sont violemment arrachés à la vie tant d'individus dans le règne végétal.

Quelle est la fin de l'animal? En prenant la marche que nous avons suivie précédemment, nous la trouverons peut-être dans un être supérieur. Remarquons que tout ce que nous avons dit des végétaux qui ne peuvent arriver à leur complet développement, et qui périssent de mort violente, est vrai des animaux. Dans ce règne, même désordre incompréhensible si la fin de l'être est en lui, si elle n'est autre chose que son bien-être et sa perfection. Or, l'animal n'a au-dessus de lui que l'homme, c'est-à-dire un être dont les plus pressants et les plus impérieux besoins sont de se nourrir, de se vêtir et de se loger.

Le règne végétal lui fournit logement, nourriture et médicaments. Mais, comme la nourriture végétale est fort légère, elle est souvent insuffisante pour un genre de vie où la dépense des forces est considérable, la nécessité de se nourrir de l'animal a dû se faire sentir de bonne heure.

L'animal a d'autres services à rendre à l'homme. L'agilité et la force du cheval n'ont-elles d'autre fin que de favoriser sa fuite quand il aperçoit l'ennemi dans les plaines où il vit à l'état sauvage? Ces instincts, on peut dire de sociabilité, que l'on remarque en beaucoup d'animaux capables d'attachement et de fidélité, n'ont-ils d'autre but que de former une société entre eux quand ils errent en liberté? Je sais qu'on me dira : c'est l'homme qui dépose dans l'animal domestique les qualités qu'il doit tourner à son profit. Il les développe, oui, mais assurément il en trouve le germe dans ces natures prédestinées à le servir. Ces forces vives qu'il découvre en elles, il les assouplit, les façonne suivant l'utilité qu'il en veut retirer, cela est certain. En associant ainsi l'animal à son existence, il donne à tous ses actes une valeur plus grande, une portée plus haute; il leur communique, pour ainsi dire, quelque chose de la moralité qui est dans les siens. De là ces étranges dévouements qui ont toutes les apparences d'actions inspirées par la raison. L'homme élève jusqu'à lui une foule d'êtres inférieurs, et il double l'utilité d'un grand nombre d'objets qui sans lui eussent été moins utiles, ou inutiles même.

Ainsi, les agents physiques, entre ses mains, ne sont plus des forces aveugles, ce sont des instruments dociles qui deviennent intelligents en participant à son intelligence et à sa vie tout entière. Ce qu'il fait des agents physiques il le fait des instincts des animaux : leur finesse devient sa finesse, leur patience, sa patience, leur audace, son audace. C'est lui encore qui a modifié de mille façons le règne végétal, par une sélection artificielle, mais intelligente, dirigeant la séve à son gré, transformant les espèces, multipliant les variétés, faisant du fruit amer, du sauvageon quelque chose d'exquis et de délicat; rendant, en un mot, chaque plante plus propre à satisfaire tous ses besoins.

Or, pour peu qu'on y réfléchisse, on doit remarquer que chaque classe d'êtres est appelée à passer d'une vie plus simple à une vie plus complète, et trouve ainsi sa fin dans une classe d'êtres supérieurs. Les sucs qui sont en circulation dans la terre, et qui contiennent en nombre infini des principes vivants, entrent dans la vie du végétal, plus active et plus variée que celle du minéral, et où l'individualité commence à s'accuser. Le végétal, en s'incorporant à l'animal, fait partie d'une vie plus complète, plus riche en développements de tous genres, d'une individualité plus marquée, puisque déjà on croit y découvrir une conscience sourde, confuse, instinctive.

Pour l'homme il est double : en lui la vie animale est associée à une vie d'un ordre bien plus élevé, et se trouve ennoblie par cette association. Il y a entre ces deux existences commerce intime, influences réciproques, union féconde. Mais il résulte de ce commerce même que la vie physiologique n'a point sa fin en elle-même, sa perfection en elle. On sait ce qui arrive à ceux qui pensent qu'on doit développer la vie du corps pour la vie du corps. La volonté humaine se trouve placée entre deux centres d'attraction dont le plus puissant, à l'origine, est assurément dans sa nature physique. Il doit traiter cette nature comme il a traité les forces aveugles de la matière, les instincts de l'animal; il doit l'assouplir, la façonner, l'approprier aux usages de sa nature morale. C'est le seul moyen de rétablir l'équilibre. Mais, rétablir l'équilibre ce n'est point détruire l'une au profit de l'autre. On arrive à diriger les esprits animaux, à leur donner des habitudes telles, qu'au lieu d'entraver le moral, ils en secondent tous les mouvements, et semblent en doubler les forces. Il y a des âmes si actives et si énergiques, si attentives à tout ce qui pourrait les troubler, les envahir et les dominer, si habiles à prévenir ces envahissements, qu'elles se sont fait des corps, pour ainsi dire, tout spirituels. Ainsi la vie physique a sa fin et son couronnement dans la vie de l'esprit; et l'univers matériel dans l'homme tout entier.

Ces conclusions auxquelles nous venons d'aboutir sont aussi celles auxquelles est parvenu le plus grand génie de l'antiquité, un esprit rigoureux, puissant, méthodique que nous nous croyons en droit d'opposer à tous les faiseurs de théories contre les causes finales. Voici ses paroles que nous proposons à leurs méditations : elles sont le résumé de toute une doctrine : Εἰ οὖν ἡ φύσις μηθέν μήτε ἀτελές ποῖει, μήτε μάτην, ἀναγκαῖον τῶν ἀνθρώπων ἕνεκεν αὐτά πάντα πεποιηκέναι τὴν φύσιν. (*Polit.*, I, 3.)

Quant à l'homme, qui est, pour ainsi dire, le centre du monde physique, vers lequel tout converge, auquel tout vient aboutir, peut-il se regarder comme sa fin à lui-même, comme le principe de sa perfection et de son bonheur? Peut-il, se renfermant en un égoïsme à la fois intellectuel et moral, déclarer qu'il ne doit rien qu'à lui-même, qu'il ne relève que de lui-même, qu'il possède en lui la plénitude de la vie; ou doit-il chercher au-dessus de lui une nature qui l'achève et le complète, lui communique une vie plus haute et plus puissante, et en laquelle il puisse se reposer comme en sa fin?

Pour connaître la fin d'un être, il faut étudier la nature de cet être; il faut en découvrir les facultés, les besoins, les tendances, les aspirations. Ce n'est qu'après ces recherches que nous pourrons répondre à la question que nous venons de poser.

Un des premiers besoins de l'homme, je ne parle plus de ceux que j'ai signalés plus haut, c'est le besoin de connaître. Quand ce désir porte sur des objets de peu d'importance, quand il est capricieux, intermittent, désordonné, il s'appelle curiosité. On sait combien est vif ce sentiment chez l'enfant, et combien ce qu'il veut savoir dépasse ce qu'il peut comprendre. Quand, au contraire, ce désir porte sur de grands objets, quand il est réglé, constant, c'est amour de la vérité qu'il se nomme. Mais l'intelligence de l'homme fait ressemble souvent à celle de l'enfant; elle se fatigue des lenteurs de l'expérience et de l'induction ; elle a horreur des détails, et d'un bond elle veut arriver à la connaissance universelle. Elle désire, dès l'origine, résoudre des problèmes qu'après trois mille ans d'études et de recherches, on déclare impossibles à résoudre, faute de données suffisantes. On s'est demandé tout d'abord, quelle est l'essence des choses ; quelles sont les lois de la nature qui en expliquent tous les mouvements, l'ordre et l'harmonie, et aujourd'hui on se pose les mêmes questions, sans avoir encore pu s'entendre sur les réponses à y faire. Les grandes découvertes sont dues moins à des observations patientes et prolongées, qu'à des vues soudaines du génie. Il y a de l'inspiration dans les sciences, comme dans la poésie, comme dans les arts. Il semblerait que plus un homme connaît, plus il est heureux, plus il éprouve le besoin de se reposer de ses fatigues et de ses veilles. On pourrait croire qu'il y a les satisfaits de la science, comme il y a les satisfaits de la politique. Il n'en est pas ainsi. C'est au moment où l'on sait le plus, et où l'on sait le mieux, qu'on déclare ne rien savoir. Quelle est donc cette soif que rien n'étanche, ou plutôt quelle est cette capacité de connaître que rien ne remplit? N'est-ce point la raison, ou la faculté des vérités éternelles? Si je consulte les

Théologiens sur la manière dont ces vérités sont en moi, l'un me répond :

« .... Si je cherche où et en quel sujet ces idées subsistent éternelles et immuables je suis obligé d'avouer un être où la vérité est éternellement subsistante, et où elle est toujours entendue................. ces vérités éternelles, par lesquelles tout entendement est réglé, sont quelque chose de Dieu, ou plutôt sont Dieu même (1). »

Un autre écrit ces mots : « A la vérité, ma raison est en moi ; mais la raison supérieure qui me corrige dans le besoin et que je consulte, n'est point à moi ; cette règle est parfaite et immuable, je suis changeant et imparfait..... C'est un maître intérieur qui me fait taire et me fait parler.... Ce maître est partout, et sa voix se fait entendre d'un bout de l'univers à l'autre à tous les hommes comme à moi..... où est cette raison parfaite qui est si près de moi et si différente de moi ? Il faut qu'elle soit quelque chose de réel... où est-elle cette raison suprême, n'est-elle pas le Dieu que je cherche (2). »

Plus anciennement, un autre théologien, un

---

(1) Bossuet, *Traité de la Connaissance de Dieu et de soi-même*, IV, § 5.

(2) Fénelon, *Traité de l'existence de Dieu*. Ire partie, de 55 à 60 passim.

des plus considérables et des plus autorisés, disait : « Insinuavit nobis Christus animam humanam et mentem rationalem non vegetari, non *illuminari,* non beatificari nisi ab ipsâ substantiâ Dei. » (*Augustinus, In Joan, Tr.* 23.)

Enfin, un philosophe a posé la question dans les mêmes termes et l'a résolue de même.

« ... On demandera où seraient ces idées si aucun esprit n'existait, et ce que deviendrait alors le fondement réel de cette certitude des *vérités éternelles.* Cela mène au dernier fondement des vérités, à cet Esprit suprême et universel qui ne peut manquer d'être, dont l'entendement, à dire vrai, est la région des vérités éternelles... Ces vérités nécessaires contiennent la raison déterminante et le principe régulatif des existences mêmes, et, en un mot, les lois de l'univers. Ainsi ces vérités nécessaires étant antérieures aux existences des êtres contingents, il faut bien qu'elles soient fondées dans l'existence d'une substance nécessaire (1). »

Ces témoignages imposants concordent et aboutissent à une explication de ce désir insatiable de vérité qui est en nous. Les vérités éternelles sont à la fois en Dieu et dans l'homme : En Dieu, elles font partie de son essence; dans

(1) Leibnitz, *N. Essais,* iv, 11.

l'homme, c'est de l'être d'emprunt, mais cet être se ressent toujours de son origine; on dirait deux moitiés d'un même être qui tendent à se rejoindre. Ces idées divines sont la source de notre vie intellectuelle, et, dans cette vie, on doit retrouver quelque chose de la vie supérieure dont elle émane, à laquelle elle aspire.

Pour nous, l'être et le connaître n'ont qu'une même cause, mais ils sont distincts; en Dieu, ils ne font qu'un. Notre existence entière se consume à la poursuite de cette identité: c'est évidemment un mouvement qui nous vient de celui en qui l'union des deux choses est consommée. On ne doit plus s'étonner si cette science mobile et changeante comme la face des choses, si ces demi-connaissances qu'on appelle opinions, qui renferment autant de non-être que d'être, si ces principes qu'un jour établit, qu'un autre jour renverse, si ces mystères qui semblent suivre chaque découverte comme l'ombre suit les corps, satisfont peu l'avidité impatiente de l'homme. Lâchons le mot, bien qu'il soit devenu ridicule, il est à la recherche de l'Absolu, ce n'est qu'en lui que l'intelligence se reposera, parce qu'il est le complément nécessaire de sa nature imparfaite. Voilà pourquoi il veut dérober le secret de l'univers, pourquoi il veut le dernier mot de toute chose.

Si, au lieu d'étudier l'entendement dans l'homme, nous étudions la sensibilité, nous arriverons, ce nous semble, aux mêmes conclusions. On a dû s'apercevoir qu'en parlant de l'intelligence, nous avons plus d'une fois parlé de l'amour; c'est que ces deux facultés sont étroitement unies dans l'homme, et qu'elles ont les mêmes aspirations. Si la première poursuit le vrai absolu, la seconde recherche le bien absolu, la beauté parfaite. On explique, dans la vie humaine, bien plus de choses par le sentiment que par la pensée. Nous avons deux ou trois idées à nous; les autres nous viennent du dehors; nous faisons produire plus ou moins habilement ce fonds étranger; mais les affections, c'est en nous qu'elles prennent naissance; c'est de nous qu'elles sortent, et elles remplissent notre existence. Rendre compte de la conduite des hommes en omettant le rôle du sentiment, c'est être aussi inexact que si l'on voulait expliquer tous les phénomènes de la nature, en ne parlant pas des agents impondérables. La volonté n'est point un ressort dont l'esprit lâche la détente quand bon lui semble. Elle est, le plus souvent, sollicitée par le désir, ou brusquement poussée par la passion.

Comme il y a un certain nombre d'idées générales innées, il y a un certain nombre de sentiments innés. Idées et sentiments ont même source et même pente. Cette doctrine est fort ancienne ; nous la trouvons dans Platon, où elle occupe une large place. Voilà comment elle a été résumée, d'après le *Banquet* surtout :

« La moitié de nos destinées est de connaître, l'autre est d'agir. Le principe de l'activité est l'amour. L'amour remplit de sa présence l'univers entier ; il en meut les ressorts et les fait concourir à un admirable concert. (BANQUET, *discours d'Eryximachus*.) Mais dans l'homme surtout s'exerce son influence. Il le réveille par l'attrait, le met en mouvement par la vue de l'objet proposé, et ne le laisse reposer que dans l'union. L'union ne saurait être stérile ; elle n'engendre pas seulement des créatures périssables, mais quelquefois des découvertes inespérées, des chefs-d'œuvre d'art, des actions généreuses. (BANQUET, *discours d'Agathon*, πᾶς γοῦν ποιητὴς γίγνεται, κἂν ἄμουσος ᾖ τὸ πρὶν, οὗ ἂν Ἔρως ἅψηται.) Ainsi, multiforme et flexible, l'amour ne saurait être appelé bon ou mauvais en lui-même ; il tire son mérite de la fin où il nous dirige. Une inclination innée nous entraîne aux voluptés grossières ; un essor plus heureux, que l'étude et l'éducation favorisent, nous conduit à la vertu. Cet amour est le seul que le vrai philosophe connaisse; à la vue de la beauté, son âme n'éprouve pas d'impurs désirs; le beau n'est pour elle que la splendeur du vrai, l'ombre d'un idéal invisible vers lequel elle voudrait voler; l'admiration lui rend les ailes que, dans sa captivité terrestre, elle avait perdues (1). »

Au xvii° siècle, le spiritualisme tient à peu près le même langage. Malebranche, rattachant à sa théorie de la raison sa théorie des inclinations, s'exprime ainsi :

« Comme il n'y a proprement qu'un amour en Dieu, qui est l'amour de lui-même, et qu'il ne peut rien aimer que par rapport à lui, ainsi Dieu n'imprime qu'un amour en nous, qui est l'amour du bien en général; et nous ne pouvons rien aimer que par cet amour, puisque nous ne pouvons rien aimer qui ne soit, ou ne paraisse un bien. C'est l'amour du bien, en général, qui est le principe de tous nos amours particuliers, parce qu'en effet cet amour n'est que notre volonté (2)....... »

« Cette vaste capacité qu'a la volonté pour tous les biens en général, à cause qu'elle n'est faite

---

(1) *Dante et la Philosophie catholique au* xiiie *siècle*, par A. F. Ozanam. 1re édit., pag. 213.
(2) *Recherche de la vérité*, IV, c. i.

que pour un bien qui renferme en soi tous les biens, ne peut être remplie par toutes les choses que l'esprit lui représente; et cependant ce mouvement continuel que Dieu lui imprime vers le bien ne peut s'arrêter. Ce mouvement, ne cessant jamais, donne nécessairement à l'esprit une agitation continuelle (1). »

Assurément, le vrai nous passionne; on a vu bien des hommes donner leur vie plutôt que de renier la vérité qu'ils aimaient, ou ce qu'ils regardaient comme la vérité. Presque toutes les doctrines ont eu leurs martyrs. Et, sans être obligés de pousser ainsi les choses jusqu'à l'extrême, on a vu des savants se consumer de veilles et de fatigues. Mais, il est une forme de l'être qui a bien plus d'empire sur nos cœurs, c'est la beauté. Qu'est-ce qui fait son prestige? Je ne sais. C'est quelque chose à la fois d'indéfinissable et d'irrésistible. L'aimer paraît une des plus chères délices de la vie. Quand ce sentiment commence à poindre en nous, l'âme étonnée et ravie ne s'y livre qu'avec réserve; redoutant une puissance sous laquelle elle sent qu'elle va bientôt succomber, elle craint tour à tour et désire son triomphe. Une fois envahie et possédée, tout en elle se tourne vers cette beauté qui la subjugue, sa pen-

(1) *Recherche de la vérité*, IV, c. II.

sée, son imagination, sa volonté; tout semble doué d'une énergie nouvelle et d'une activité jusqu'ici inconnue. Ainsi se montre en tout son jour l'influence du sentiment sur la vie de l'âme.

Avouons que ce sont souvent de pauvres et d'indignes objets qui nous tiennent ainsi sous le charme; mais notre faiblesse a une excuse. Ces objets ne nous apparaissent jamais tels qu'ils sont en réalité, c'est nous qui les parons de mille attraits qu'ils ne possèdent pas; et, c'est plutôt à ces douces images, enfants de nos rêves, que nous rendons hommages qu'à la nature toute nue. Sans être nés artistes, nous le devenons, inspirés par l'amour, et nous faisons œuvre d'artistes, corrigeant, changeant, retranchant, ajoutant à notre idole d'après un idéal où se réfléchit toujours quelque chose de l'infinie perfection.

Il est un moment dans la vie que l'on voudrait voir se prolonger jusqu'à la tombée du jour : c'est le moment où notre cœur trouve un cœur qui le comprend et lui répond. Dans ces premiers tressaillements d'allégresse, la pensée s'égare et se trouble; il n'est plus question que de dévouement sans bornes, et d'amour éternel. Quand on connaît la fragilité des affections humaines, quand on n'est point sous l'empire de ce sentiment si vif et si enivrant, on sourit de ces grands mots; pourtant, si l'on a passé par cette épreuve, on n'est jamais tenté de douter de la sincérité de ce langage. La poésie et le roman ont mille fois abusé de cette situation, et employé ces mots magiques pour nous enchanter et nous remuer jusqu'au plus profond de notre nature. Il y a donc quelque chose de vrai dans ces sentiments. Ce n'est pas avec des moyens artificiels que l'on produit de tels effets.

Ce qui empoisonne toutes nos joies c'est la crainte de les voir bientôt finir; le côté faible de tous nos bonheurs, c'est leur peu de durée. Il est des heures où nous sommes si heureux que nous ne demandons rien de plus; notre âme paraît remplie du sentiment qui la pénètre; il semble qu'elle possède tout ce qu'elle peut contenir de félicité. Si cela pouvait durer toujours! Toujours! voilà le mot : l'éternité dans le bonheur, voilà à quoi notre cœur aspire de toutes ses forces, voilà pour lui l'idéal de la vie. Qu'il rentre en lui-même, qu'il observe tout ce qui s'y passe, il comprendra qu'il y a une cause qui attire à elle tous nos vagues désirs, toutes nos pensées, tous nos amours, comme le soleil du matin attire à lui toutes les vapeurs de la terre.

Au lieu de consulter ce qu'on appelle quelquefois les enfantillages du cœur, que l'on étudie attentivement ces âmes en lesquelles ces aspirations vers l'infini ne sont point détournées par les biens finis de ce monde, ces âmes dont toutes les puissances sont tendues, pour ainsi dire, vers la vie éternelle, qui ont une idée fixe, qu'on appelle cela sainteté, ou folie, peu leur importe, l'idée de Dieu, et qui tous les jours immolent en elles tout ce qui n'est point pour ce Dieu; alors on reconnaîtra la véritable direction de l'amour en nous. Nous serons convaincus que l'homme n'a pas sa fin en lui; que, quoi qu'il fasse, il ne trouvera point en lui cette quiétude et cette durée dans le bonheur auxquelles il prétend, auxquelles il se croit en droit de prétendre. Il n'a donc qu'à suivre jusqu'au bout le mouvement qui l'entraîne vers les régions supérieures : là seulement, en un Être qui possède beauté, éternité, bonheur, il trouvera sa fin; là, sa nature inachevée et incomplète trouvera son complément nécessaire et le couronnement de sa vie.

Voilà comment le sentiment et la raison nous révèlent notre destinée. Nous pouvons donc dire, en nous appuyant sur une autorité contemporaine, qui semble déjà appartenir à la postérité : « C'est dans l'idée du bien, c'est dans l'idée de l'amour, qui y correspond et qui l'explique, qu'est le dernier mot de toutes choses. Et aujourd'hui, qu'après tant de recherches faites et tant d'expérience amassée, nous voyons plus clairement que jamais que le dedans de l'âme est le vouloir, comment ne pas reconnaître que c'est dans ce qui forme l'intérieur le plus reculé de la volonté elle-même que se cache la source profonde d'où jaillit l'amour ?...... (1) »

Et ailleurs : « Notre personnalité est, dans l'ensemble de ce que nous sommes, un *génie* selon l'expression antique, ou encore un dieu particulier dont l'empire a des bornes; ce génie, ce dieu ne peut rien que par la vertu supérieure, à laquelle il participe, du Dieu universel qui est le bien absolu, et l'amour infini. Et ce grand Dieu, selon une parole célèbre, *n'est pas loin de nous.* Mesure supérieure à laquelle nous mesurons et comparons toutes nos conceptions, ou plutôt qui les mesure en nous, idée de nos idées, raison de notre raison, il nous est plus intérieur que notre intérieur; c'est en lui, par lui que nous avons tout ce que nous avons de vie, de mouvement et d'existence (2). »

(1) Ravaisson, *Rapport sur la philosophie en France au* xixe *siècle*, pag. 227.
(2) Id. pag. 245.

CHAPITRE VI.

L'INFINI EXISTE DANS MA PENSÉE ET HORS DE MA PENSÉE.

Déjà deux fois nous avons dû nous élever jusqu'à Dieu en analysant les principes de la raison et en les suivant jusqu'au bout. Le principe de causalité nous a donné une cause absolue, indépendante, dans son action, et du temps et de l'espace; le principe de finalité nous a montré Dieu comme la fin de tous les êtres, comme le centre vers lequel gravitent toutes les âmes. Nous pouvons donc regarder comme démontrée l'existence de Dieu. Partis de la conscience, le plus infaillible de nos moyens de connaître, et sans en sortir un instant, nous avons trouvé Dieu, et nous avons montré que cette existence nous est aussi certaine que celle du moi et de la matière. Nous pouvons donc pousser plus avant nos études, et chercher à nous rendre compte de l'idée de l'*infini*, terme par lequel la métaphysique désigne Dieu, le plus ordinairement.

Quand nous disons : *cet objet est fini*, quel sens voulons-nous donner à nos paroles? Remarquons d'abord que ce mot fini est d'un emploi fort rare dans la conversation, dans le discours, dans la science.

La science divise tous les êtres en inorganiques et organiques; dans la seconde classe elle distingue les plantes, les animaux et l'homme. Entre l'homme et les animaux elle signale une différence capitale : la liberté et l'intelligence, appartenant en propre au premier.

Ainsi, un être est raisonnable, ou il est privé de raison; il est un ruminant, un mollusque; il est rosacée, ou lichen; mais l'épithète, dont nous cherchons le sens, nous ne la trouvons nulle part. Si la science reste muette sur ce point, c'est que ce mot lui importe peu. Remarquons toutefois une opposition entre ces mots : organiques et inorganiques; je ne comprends bien le premier qu'en définissant le second; ces deux notions se complètent pour ainsi dire, et se définissent mutuellement. De même, si tous les êtres étaient dénués de raison, il n'y en aurait aucun pour comprendre que tous les animaux en manquent. C'est par les contraires que s'éclairent les deux notions d'animalité et d'humanité.

Laissons la science qui ne nous donne aucune réponse à notre question. Voyons la vie commune, et supposons que je n'aie jamais vu et habité qu'une *sombre* vallée : je ne dirai pas : cette vallée est sombre ; je dirai : j'y suis né, elle me plaît ; tout, dans cet étroit espace, est plein de moi-même. Mais que mon frère, mon fils vienne à voyager, qu'il voie des vallées moins profondes et mieux orientées. Tout à l'heure, il ne savait pas ce que c'était que des vallées sombres ; il le sait maintenant qu'il a vu des vallées mieux éclairées que la sienne. Supposons encore que les arbres y fussent tous petits et à peu près de même hauteur ; pour lui ces arbres ne seront ni petits ni grands, mais qu'il aille dans une autre pays où les arbres sont généralement fort hauts, alors, mais alors seulement, il trouvera que ceux qu'il avait connus d'abord sont petits.

Ainsi, certaines idées ne nous viennent que par comparaisons, contraires, contrastes ; ce sont des idées qui représentent, non pas des qualités essentielles des êtres, mais des relations, des rapports, des mesures, des dimensions. Jusqu'ici l'idée de *fini* ne s'est pas présentée à nous. En effet, ce mot n'est point usité dans la science de l'homme ou de la nature, dans le commerce de la vie commune, il appartient donc à un ordre d'idées qu'on dit très-élevées, je veux dire la Théologie, ou la Métaphysique ; par conséquent, quand il s'agit de Dieu et de ses attributs ; ce n'est que là que le mot offre un sens qui se comprend. Dire de ma nature qu'elle est finie, ce n'est point la désigner par une qualité qui la distingue des autres êtres (j'en excepte Dieu), c'est, au contraire, énoncer ce qu'elle a de commun avec eux, ce n'est point la faire connaître, c'est la confondre avec tout le reste. Si je veux en donner une idée nette, je n'ai qu'une chose à faire, l'opposer à d'autres êtres connus. C'est par opposition aussi que je comprendrai le terme *fini :* si ce n'est pas par opposition avec les êtres qui ont même attribut, ça ne peut être qu'avec un être dont le principal attribut est tout à fait opposé au fini, je veux dire un être infini. Voilà pourquoi le mot *fini* ne se prononce que dans la science où il est question de Dieu ou de l'Être absolu : partout ailleurs l'adjectif *fini* ne signifie absolument rien. Ce mot exprime un rapport; un rapport suppose deux termes. Si on en énonce un, il y en a un nécessairement de sous-entendu (car il n'y a pas de rapport à un seul terme) : donc, quand je dis *fini* et que j'attache un sens à ce que je dis, j'ai présent à la pensée un terme corrélatif, opposé à celui que j'énonce, et ce terme est celui d'infini. L'idée d'infini m'est donc intime et familière; je puis la sous-entendre, en parlant, parce que je sais qu'elle est dans tout entendement humain. Ainsi, on ne peut pas dire que l'idée d'infini se forme en ajoutant le fini indéfiniment à lui-même, car l'idée d'infini serait alors postérieure à l'idée de fini. Or, c'est le contraire qui a lieu : des deux termes *fini* et *infini*, double expression d'un même rapport, c'est le second, généralement sous-entendu, qui donne le premier, qui le rend intelligible. Si, pour l'esprit humain, il n'y a de fini que parce qu'il y a un infini, comment veut-on que l'infini sorte du fini? Dans la pensée l'infini précède et explique le fini : cet ordre de la pensée ne représente-t-il pas l'ordre même des choses ?

J'ajoute, et cette remarque me paraît importante : ce rapport à deux termes dont l'un est sous-entendu et l'autre exprimé, porte, d'un côté, sur le concret, le fini, personne ne songera à le contester; il doit donc, de l'autre, s'appliquer également au concret; autrement les deux termes seraient de nature absolument différente, et n'auraient rien de commun; donc, l'infini, comme le fini, est concret; donc, comme le fini, il existe hors de ma pensée : il est idée et réalité, idée en mon esprit, réalité hors de moi.

Il y a des personnes qui déclarent que tout est *relatif*, tout, y compris la vérité : que tout est affaire de point de vue. Il me semble que s'il y a quelque chose de peu relatif c'est cette affirmation; et en l'énonçant, on pourrait croire que celui qui parle obéit à un besoin impérieux d'absolu qui est en nous.

Le mot relatif, comme le mot fini, ne désigne point une manière de vivre des êtres, une qualité positive, mais un rapport : un rapport à quoi ? Comparés les uns aux autres les êtres finis ne sont point relatifs. On me répond : il y a des vitesses relatives, point de vitesse absolue; de l'immobilité relative, point de repos absolu; des grandeurs relatives, pas de grandeur absolue. Je le sais. Mais, qu'on y fasse attention, ici, il ne s'agit pas d'êtres réels, mais d'êtres de raison : vitesses, grandeurs, immobilité sont choses abstraites, quantités mathématiques. Quand je dis mon être est relatif; un animal, un minéral n'a qu'un être relatif, je puis toujours demander : relatif à quoi? Et alors arrive sur mes lèvres la seule réponse que je puisse faire; alors, comme à propos de l'infini, je suis bien obligé d'énoncer le second terme du rapport, toujours sous-entendu, et je complète l'idée en disant : *relatif eu égard à l'absolu*. Ainsi, sans cette notion de l'absolu, toujours présente à ma pensée, le mot *relatif* n'aurait aucun sens, et les vérités réellement relatives, ne laissant point voir où elles sont en défaut, seraient regardées comme les seules vérités possibles. Le défaut ne nous frappe que parce que nous avons en l'esprit l'idée de la qualité qui s'oppose au défaut.

Ce que nous avons dit de l'infini et du relatif est vrai également du contingent et du nécessaire; les mêmes raisonnements pourraient s'appliquer à ces deux notions.

Il y a donc, dans l'entendement humain, un petit nombre d'idées premières, fondamentales, qui se mêlent à toutes nos conceptions, qui vivifient la pensée et se confondent tellement avec ce qui vient de notre propre fonds que l'analyse psychologique a de la peine à les distinguer. Il en est de ces notions comme de ce corps invisible et impalpable que nous respirons, et qui, sans que nous le remarquions, entretient la vie en nous. Pas plus que l'air dont nous parlons, l'idée nécessaire ne vient de nous. Toutes nos conceptions portent l'empreinte de notre nature et rappellent leur origine. L'idée d'infini, que suppose nécessairement l'idée du fini, idée première, par conséquent, ne peut nous être suggérée ni par le monde physique, ni par l'être moral, il faut donc qu'elle ait une autre source; nous avons déjà traité ce sujet, cette source, c'est la nature divine.

Voici comment Descartes s'exprime sur ce point : « Je n'aurais pas l'idée d'une substance *infi-*

nie, moi qui suis un être fini, si elle n'avait été mise en moi par quelque substance infinie. Et je ne dois pas me figurer que je ne conçois pas l'infini par une *véritable idée*, mais seulement par la négation de ce qui est fini, de même que je comprends le repos et les ténèbres par la négation du mouvement et de la lumière, puisqu'au contraire je vois qu'il se rencontre manifestement plus de réalité dans la substance infinie que dans la substance finie, et que j'ai, en quelque façon, en moi, la notion de l'infini avant celle du fini, c'est-à-dire *celle de Dieu avant celle de moi-même*... Cette idée est fort claire et fort distincte, encore que je ne comprenne pas l'infini, et qu'il se rencontre en Dieu une infinité de choses que je ne puis comprendre, ni peut-être aussi atteindre aucunement de la pensée (1). »

Nous retrouvons, dans ce passage, plusieurs des considérations précédentes sur la nature et l'origine de l'idée de l'infini. Mais nous ne pouvons omettre une observation essentielle. Il est étrange que le philosophe qui fait reposer toute sa psychologie et toute sa métaphysique sur une vérité de fait, qui n'est point l'existence de Dieu, mais le *je pense*, vienne dire qu'il a la notion de l'infini, en quelque façon, avant celle de lui-

(1) *IIIe Médit.*, sub fin.

même. Ou ces quatre propositions : je pense, donc je suis; je pense Dieu, donc Dieu est, se produisent simultanément dans la conscience, ou, s'il est un ordre de succession pour elles, cet ordre doit être celui dans lequel nous les avons placées. Ces réserves faites, il faut convenir que la notion de fini suppose l'idée d'infini; c'est dans ce sens seulement qu'il est permis de comprendre l'*antériorité* dont parle ici Descartes.

Quant à Fénelon, il a cherché, dans l'analyse même du mot, la portée de l'idée, de façon à enlever toute équivoque à une expression naturellement imparfaite, quand il s'agit d'un pareil objet.

« L'idée même que j'ai de l'infini n'est ni confuse, ni négative; car ce n'est point en excluant indéfiniment toutes bornes que je me représente l'infini. Qui dit *borne* dit *négation* toute simple; au contraire, qui nie cette négation affirme quelque chose de très-positif... c'est le mot *fini* dont le vrai sens est très-négatif; par conséquent, celui d'infini est très-positif. La négation redoublée vaut une affirmation; d'où il suit que la négation absolue de toute négation est la suprême affirmation (1). »

Le mot infini n'a pas l'unique inconvénient de

(1) *Traité de l'Existence de Dieu.* II⁰ part., c. II.

présenter une forme négative; il a, en outre, le tort de faire penser à une *quantité* purement abstraite. Ce faux sens n'a pas peu contribué à embrouiller la métaphysique; il a permis à quelques philosophes de soutenir, avec une apparence de vérité, que le temps et l'espace sont des attributs de Dieu.

A ce point de vue, la langue grecque était mieux faite; par le mot ἄπειρος, infini, elle désignait, le plus souvent, ce qui est inachevé, imparfait, incomplet, et cet adjectif elle l'appliquait au monde. Quant à Dieu, elle lui donnait l'épithète de τέλειος, fini, achevé, parfait.

Si nous ne pouvons parler grec en français, retenons au moins les idées, et nous saurons mieux à quoi nous en tenir sur leur véritable objet.

Qu'est-ce donc qu'être infini? C'est posséder actuellement la plénitude de l'être.

C'est sur cette définition que s'appuieront toutes nos études ultérieures.

CHAPITRE VII.

DIEU, SES ATTRIBUTS.

Un être, s'il n'est pas une puissance nue, une entité rationnelle, est de telle ou telle manière, agit de telle ou telle façon, se manifeste, soit à lui-même, soit à d'autres êtres par certains actes. Or, être de telle ou telle manière, c'est avoir certaines qualités; agir de telle ou telle façon, c'est posséder certaines facultés. Le mot *attribut*, réservé ordinairement à la nature divine, a un sens qu'il s'agit de marquer nettement.

Propriétés, facultés, deux mots fréquemment employés, dont il faut tâcher de se rendre compte. Le premier désigne une qualité qui peut se trouver dans des individus différents à des degrés divers; qui, dans le même individu, peut s'accroître ou diminuer; qui se perd même par l'usage ou dans des conditions défavorables; ce qui arrive aux simples ou à certains produits chimiques. Dans ce cas, il se peut que l'être conserve parfaitement tout ce qui constitue son individualité.

Le terme *faculté* se donne plutôt aux natures spirituelles qu'aux êtres matériels. Toutefois, cela n'est pas vrai d'une manière absolue. Un grand nombre d'individus peut être doué d'une même faculté, mais, à coup sûr, elle n'aura point la même énergie dans tous, et, dans le même individu, elle variera de degrés aux différentes époques de sa vie. Cause essentiellement active, comme la propriété, et, comme elle, produisant des effets déterminés, elle en diffère en ce qu'elle est susceptible d'éducation, que l'exercice la développe, que l'inaction l'amoindrit, et que l'habitude l'enchaîne.

L'*attribut* est quelque chose de fixe et de permanent. Ainsi, l'âme humaine est une et identique toujours de la même manière. Il n'y a pour ces deux attributs ni accroissement, ni diminution, ni habitude possibles; il n'y a pas de degrés, selon le temps et les circonstances. Ce que je dis de l'unité et de l'identité de l'âme humaine est bien plus vrai encore de Dieu. En lui, tout est attribut : il n'y a ni propriétés, ni facultés. Il n'y a rien que de permanent et de fixe; rien qui ne soit toujours dans la plénitude de son énergie et de son efficace. Il n'y a rien de virtuel, rien en puissance dans ses attributs : virtualité et puissance ce serait du non-être; ils sont toujours en acte.

Ces attributs peuvent-ils se concilier avec

l'idée de l'infini ? La philosophie du sens commun a répondu oui; des philosophes plus raffinés ont répondu non. Et voici leurs raisons : Un attribut est une détermination, une limitation, une *négation ;* étant *ceci*, on n'est pas *cela*, et l'infini doit tout embrasser; admettre en lui *cela*, ce serait exclure *ceci;* donc, il ne peut être déterminé par aucun attribut.

Descendons un peu des hauteurs de la métaphysique pour nous établir dans la réalité.

Il me semble que le raisonnement que nous venons d'énoncer renferme un cercle vicieux. En effet, quand j'y regarde de près, voici ce que je crois découvrir : infini est pris pour synonyme d'indéfini, d'*indéterminé*, et les propositions, citées plus haut, reviennent à dire : l'indéterminé ne peut être déterminé, ou le déterminé ; l'indéfini ne peut être le défini ; or, chaque attribut que vous accordez à l'indéterminé le détermine, par conséquent le détruit; donc, il ne faut point supposer d'attributs à l'infini; il y a contradiction à le faire.

La contradiction n'existe qu'à condition que, par le mot *infini*, j'entende la même chose que nos contradicteurs. Si pour eux l'infini n'est qu'une quantité, une indéterminée mathématique, ils ont raison; mais il faut qu'ils prouvent que ce terme ne peut avoir d'autre sens, n'en a jamais eu d'autre. Pour nous, nous sommes conséquents : *avoir la plénitude de l'être*, c'est posséder tous les attributs qui n'impliquent pas contradiction, d'après un principe fondamental de la raison, bien connu.

Voyons, maintenant, d'une manière générale, si un attribut, une faculté, une propriété limite l'être auquel il appartient et l'amoindrit.

Les sciences naturelles divisent tous les êtres en trois règnes : le règne minéral, le règne végétal et le règne animal. Dans le premier elles nous montrent le jeu de forces qui s'équilibrent, s'attirent ou se repoussent, et, pour ainsi dire, des ombres d'individus : toute leur vie est là, si cela peut s'appeler la vie. Dans le règne végétal, l'individualité s'accuse, la vie prend une forme, on trouve des fonctions et des organes. Dans le règne animal, la hiérarchie est encore mieux marquée, depuis le zoophyte, qui sert de transition du règne précédent à celui-ci, jusqu'au vertébré, qui a la vie la plus complète et la plus variée. Je remarque deux choses en cette gradation, où se trouve si habilement ménagé le passage d'une classe à l'autre, d'abord qu'en m'élevant en cette échelle des êtres chaque division est marquée par une faculté nouvelle; elle laisse ce qu'il y a d'imparfait dans la division inférieure, en garde ce qu'il y a de bon et de positif, et y ajoute une faculté nouvelle, faut-il le dire? une perfection nouvelle. Nous pourrions ici être dupe d'une illusion ; mais, consultons un savant qui n'ait aucun parti pris, qui ne soit sous l'empire d'aucun système, il vous dira : « Le perfectionnement des êtres coïncide avec une localisation plus considérable dans leurs fonctions... et un organe remplit toujours d'autant mieux son rôle que ce rôle est plus spécial. »

D'après certains philosophes, il faut raisonner tout au rebours : plus on est indéterminé, plus on est parfait; le polype est plus indéterminé que le ver de terre, que le poisson, que l'oiseau; il est donc plus parfait que ces divers embranchements. Pour nous, nous nous rangeons à l'avis des naturalistes et nous dirons : chaque propriété, organe ou fonction, est un degré d'être de plus; être d'une classe supérieure, c'est avoir une ou deux facultés de plus que l'individu de la classe inférieure, c'est être deux fois plus, ou avoir deux fois plus d'être. Or, chaque propriété nouvelle est une détermination nouvelle; donc, l'être peut s'accroître à mesure que se multiplient les déterminations; donc, les déterminations, ainsi conçues, ne sont pas des limitations véri-

tables, mais bien plutôt des extensions ; donc *être*
et *être déterminé* n'impliquent pas contradiction,
puisque c'est *être davantage* que d'être ainsi.

D'ailleurs, quand il s'agit d'une nature finie,
par exemple, la limite ou la négation n'est point
dans ce qu'il a d'activité, d'énergie, de puissance ;
cette vitalité, cette énergie, c'est, au contraire,
là le positif de son être ; où s'arrête la puissance,
là est la limite. Ce qui fait la négation, ou la
limite, c'est donc ce qui manque, ce qui fait défaut, ce que l'être n'a pas, et non ce qu'il a, ce
qu'il possède réellement. Or, augmentez indéfiniment la puissance, l'énergie de l'être en multipliant ses facultés, ses attributs, en donnant à
ces attributs une souveraine perfection, vous reculez indéfiniment la limite, jusqu'à la suppression de toute limite, jusqu'à la négation de toute
négation, jusqu'à l'être absolu, à qui l'absolue
détermination convient absolument.

A mesure que la détermination nous fonde,
pour ainsi dire, plus solidement dans l'être, elle
nous sépare et nous distingue plus profondément
de ce qui n'est pas nous, et, par conséquent, elle
fait de nous un individu et une personne. On a
dit qu'un Dieu infini ne peut être personnel : c'est
la question même que nous venons de discuter,
il n'y a que les termes de changés.

CHAPITRE VII.

En nous élevant de classe en classe, dans la nomenclature des êtres, nous avons vu l'individualité se dessiner de plus en plus nettement; en arrivant à l'homme, nous voyons l'individualité parvenue à une plus haute perfection en devenant la personnalité. Car, en ce sens, ce n'est plus seulement un être qui se sépare des autres êtres, et qui vit d'une vie propre, c'est plus que cela : c'est un être qui sait qu'il est distinct des autres êtres, et qui a conscience de son individualité. Or, qui peut nous dire où doit s'arrêter ce progrès, ce *processus* des êtres? L'homme ne peut-il pas occuper dans l'univers une position analogue à celle qu'occupe le zoophyte entre le règne végétal et le règne animal? N'est-il pas un anneau dans cette immense chaîne? Animal d'un côté, pur esprit de l'autre, il sert de trait d'union entre l'animal, les purs esprits et Dieu. Or, cette conscience que je découvre dans l'homme, et qui marque sa supériorité sur l'univers matériel, étant quelque chose de positif en son être, doit se retrouver dans celui qui a tout le positif des autres êtres, sans en avoir la négation et la limite.

Donc, Dieu peut avoir des attributs. Quels sont-ils? Nous l'allons dire en peu de mots. Mais, d'abord, quel est le nombre certain de ces attributs? Ici, il faut avouer notre embarras. On a prétendu qu'un être infini ne pouvait avoir qu'un nombre infini d'attributs; que nous trouvant dans l'impossibilité de les tous connaître, nous devions renoncer à en parler. Ce que nous avons établi dans notre précédente discussion le voici : tout attribut, loin d'être une limitation de l'être, en est une extension; mais, entre tenir ce langage et prétendre qu'il *faut un nombre infini d'attributs pour faire une substance infinie*, il y a un abîme, et la seconde proposition n'est nullement une conséquence de la première. La première constate un fait, la seconde a la prétention d'être un principe ou une loi; est-elle vraiment l'expression de la loi du fait? Des natures finies nous disons tout ce que nous savons, de la nature divine nous affirmons tout ce que la conscience et la raison nous révèlent; nous ne devons pas aller au delà; la proposition soulignée ne nous est donnée ni par la raison ni par la conscience. Ce n'est pas une loi découverte, c'est une simple hypothèse. Il ne peut être ici question de nombre et de progression soit arithmétique, soit géométrique, dont la raison serait connue. Nous ne sommes point dans un monde d'abstractions; nous sommes en face de réalités vivantes dont les rapports ne sont pas mathématiquement appréciables.

D'ailleurs, il y a deux manières de juger de la

puissance dans l'être, au nombre de ses facultés et à l'énergie de ses facultés, à l'étendue de leur sphère d'action ; il suffit pour que l'on regarde un être comme infini que l'énergie de ses attributs soit sans bornes, et qu'infinie soit leur sphère d'action ; donc l'hypothèse d'un nombre infini d'attributs, en Dieu, est inutile. Rien, dans notre raison, n'y pousse nécessairement.

Ainsi, le nombre des attributs peut être restreint, mais, quel qu'il soit, il ne peut compromettre l'unité absolue de l'être divin ; car, pour sa nature, bien plus encore que pour la nôtre, il est vrai de dire qu'il y a des fonctions, mais pas d'organes, que l'être est tout entier dans chacun de ses attributs, que c'est l'abstraction, procédé indispensable à notre intelligence pour qu'elle comprenne, qui sépare ce qui est inséparable, divise ce qui est indivisible.

Ainsi, Dieu est un et simple ; il est, de plus, immuable. Pour lui, changer ce serait avoir, au moment du changement, ce qu'il n'avait pas auparavant ; ce serait être mieux, ou plus mal, ce qui est contraire à la définition.

Il est éternel. Être infini, c'est être en dehors du temps et de l'espace, nous l'avons montré, c'est ne pouvoir être mesuré par l'un ni par l'autre, c'est ne pouvoir être compris sous la raison de l'un ou de l'autre. Si aucune des déterminations du temps ne conviennent à l'infini, c'est pour accommoder notre langage à la faiblesse de notre esprit que nous disons : *il fut*, il *était*, il *sera* dans la suite des siècles..... ces termes ne sont applicables qu'au temps, et il n'y a rien de commun entre l'infini et le temps; donc Dieu est éternel.

L'infini possède la pensée, par cette simple raison qu'il est plus parfait de penser que de ne penser pas. Nous avons d'ailleurs prouvé qu'il y a en notre entendement un petit nombre d'idées générales qui ne peuvent venir de notre propre fonds, qui sont en nous les effets d'une cause intelligente ; donc cette cause existe, et elle ne peut être que Dieu. En lui, pas d'opérations discursives, successives; pas de raisonnement, d'abstraction, d'analyse, procédés d'une nature essentiellement imparfaite. Cette pensée, d'un seul acte, doit se penser elle-même et embrasser la totalité des choses.

En se pensant, l'infini se *connaît;* en se connaissant, il *s'aime* éternellement; en s'aimant, il jouit d'une *félicité* sans bornes, et cette félicité, ce bonheur absolu, il le *veut* éternellement. Ainsi, Intelligence, Amour, Volonté, voilà trois attributs que je découvre en moi et dans l'Infini; en moi, ce sont des choses très-positives, mais bornées; elles peuvent se trouver dans ce qu'il y a de plus réel et de plus positif au monde; seulement elles doivent y être d'une manière infiniment infinie.

Ajoutons, pour rappeler un des précédents chapitres, que Dieu seul est à lui seul sa fin et son bien souverain, parce qu'ayant la plénitude de l'être, il n'a pas à tendre vers un autre être pour y trouver son complément, et, avec son complément, son bonheur.

CHAPITRE VIII.

OBJECTION. — COMMENT EXPLIQUER LA COEXISTENCE DE L'INFINI ET DU FINI ?

L'Infini existe : il est tout ce qu'il y a de plus réel, de plus positif, notre raison nous le dit.

D'un autre côté, il y a un nombre indéfini d'êtres finis, dont l'expérience nous révèle quelques-uns, et nous devons croire à l'expérience comme nous croyons à la raison.

Ainsi, Infini, fini, voilà deux termes de la connaissance humaine qui coexistent dans notre entendement, sans que nous ayons le droit de supprimer l'un des deux. Si notre pensée est la représentation exacte de ce qui est hors d'elle, il y a deux ordres de réalités, une réalité infinie et des réalités finies.

Or, voici le problème qui se soulève à ce propos : Comment peut-il y avoir quelque chose autre que l'Infini?

En effet : 1° S'il y a de l'être en dehors de lui, il n'a pas *tout l'être*; il n'est donc pas infini?

2° S'il y a de l'être en dehors de lui, *où* est cet être, là n'est pas l'Infini; il est donc *limité* par ce côté; il n'est donc pas Infini?

I. Quand on prononce ces mots : *il n'a pas tout l'être*, on fait une véritable équivoque, et c'est à la faveur de l'équivoque que se glisse l'objection. Un individu, pour être parfait, doit posséder tout l'être que son idée comporte, tout *son être*, en un mot, et non pas tout l'être. On découvre aisément dans les termes mêmes de l'objection l'idée préconçue d'une nature indéterminée par essence, qui a besoin, pour exister, de se déterminer dans une multitude d'êtres divers, de sorte que la somme de ces êtres représente bien réellement cet infini imaginaire. Mais cette conception panthéistique n'est point la nôtre. Pour nous, Dieu est une unité substantielle, une unité absolue, et non une *totalité*, une totalité formée en ajoutant indéfiniment à l'unité des unités nouvelles.

Remarquez qu'ici l'addition se fait, la somme se forme dans des conditions vraiment singulières et contraires aux règles de l'arithmétique que nous connaissons, puisqu'il s'agit d'ajouter les unes aux autres des quantités d'espèces fort différentes.

D'ailleurs, la totalité que vous obtenez aujourd'hui ne sera pas la totalité de demain, n'est point la totalité d'hier; Dieu n'est plus qu'une quantité mathématique, c'est-à-dire quelque chose susceptible d'augmentation, ou de diminution, ce qui est contraire à la définition de l'infini que nous avons donnée.

D'après cette définition, rien ne manque à Dieu pour être parfait. Il n'est pas besoin d'ajouter à sa substance quoi que ce soit. Si cette adjonction d'un être quelconque ne doit rien faire pour sa perfection, cet être, qui n'est pas lui, ne lui enlève rien, ne le *prive* de rien.

Je dis plus : il y aurait un grave inconvénient à unir l'infini et le fini pour compléter le premier. Dans tout être fini, il se trouve nécessairement de l'imparfait, du manque, du défaut, du *non-être*, pour employer le terme énergique de la philosophie grecque. Or, introduire dans l'essence divine un être fini quelconque, c'est y introduire, avec le positif de l'être, beaucoup de négatif, beaucoup de non-être ; ce n'est pas l'enrichir, c'est l'appauvrir bien au contraire. Donc, le fini existe sans priver l'infini d'une quantité d'être quelconque.

II. En second lieu, on dit : où est le fini ne peut être l'Infini, donc l'Infini est borné par quelque endroit.

Toute la question, on le voit, est ici ramenée à une question de lieu et d'espace ; *où*, *endroit*, l'indiquent assez. Ce que nous avons déjà dit de la nature de l'Infini et de celle de l'espace nous servira à résoudre la question qui vient d'être posée.

Quand nous parlons d'un objet matériel, nous disons : Il est ici, là ; près, loin ; au-dessus, au-dessous ; à droite, à gauche, etc., etc., et quand nous tenons ce langage, nous voulons dire que cette chose finie est tout entière où elle est, et que là elle occupe une portion de l'espace. Quand on dit de Dieu : il est *ici*, *là*, etc., les mots peuvent-ils avoir le même sens que lorsqu'il s'agit d'un objet fini? Dieu peut-il occuper une portion de l'espace? Mais il ne doit pas être compris sous la raison de l'espace, nous l'avons déjà fait comprendre; donc, appliquée à l'Infini, cette locution serait un non-sens. Chaque chose est tout entière où elle est; quand on désigne un point de l'espace peut-on dire que Dieu y est tout entier, comme on le dit d'un être fini? Personne n'oserait le soutenir. Ainsi les mots que l'on emploie pour désigner la position dans l'espace d'un objet fini ne peuvent être pris dans le même sens quand il est question de l'Infini, et l'on doit regarder avec raison ces mots comme un langage de convention analogue à celui-ci : Le soleil se lève, se couche, tourne autour de la terre. Les philosophes spiritualistes et les théologiens déclarent que *le monde est hors de Dieu*, et c'est le seul moyen d'échapper au panthéisme; pour que Dieu soit présent dans l'espace, il faut donc qu'il sorte de lui, afin de se localiser quelque part, ce qui est impossible. Chaque chose est tout entière où elle est, mais Dieu ne peut être dans le monde ni en totalité, ni en partie. S'il y est, il y est d'une façon qui m'est incompréhensible.

A ce sujet la scolastique établit une distinction ingénieuse qu'il est bon de rappeler, parce qu'elle ne paraît pas sans fondement. Elle admet deux sortes d'infinis, un infini d'*extension* et un infini d'*intensité*. L'infini d'extension appartient à l'espace, conception que rien ne limite, et que je puis enfler indéfiniment, et l'infini d'intensité ou de *puissance* appartient surtout à Dieu. Or, on comprend que Dieu soit ainsi partout présent dans le monde par sa *puissance*, sans l'être *substantiellement*. Les effets de son acte tombent dans l'espace, mais lui, non.

Je trouve ici une analogie, je devrais dire une demi-analogie entre Dieu et nos âmes. Des deux conditions auxquelles sont soumis la plupart des êtres finis et contingents, je veux dire l'espace et le temps, l'âme n'en connaît qu'une, le temps. Elle ignore absolument la condition de l'espace; si elle en dépendait, elle serait corps, elle serait *matérielle.* Aussi, quand on cherche en quelle partie du corps elle *réside*, on fait une recherche vaine et nécessairement infructueuse.

Tout ce qu'on peut se demander c'est où elle *agit*, de sorte que son action se communique à toutes les parties du corps instantanément ou successivement.

Or, bien que l'âme ne soit point dans l'espace, c'est dans l'espace que se produisent le plus souvent les effets de sa puissance; le résultat de ses actes tombe sous la loi de l'espace, sans que sa substance y tombe pour cela.

Ainsi en est-il de Dieu. Il est partout présent par sa puissance, et cette puissance peut pénétrer tous les corps sans diviser l'être dont elle émane. Donc, le fini n'est nullement une borne ou une limite pour la substance et pour la puissance divines. Quand on dit *où* est le fini, *là* ne peut être l'Infini, si l'on parle de la substance, on a raison; la substance ne peut être ni là, ni ici; parle-t-on de la puissance, on a tort; les effets sont partout, dans le temps et dans l'espace. Donc, le fini existant, l'Infini reste avec toute cette infinitude que nous lui avons reconnue par définition.

CHAPITRE IX.

L'INFINI CONÇOIT ET CRÉE LE FINI. SYSTÈMES QUI NIENT LA CRÉATION.

L'Infini existe, la raison l'atteste ; le fini existe, l'expérience le constate ; comment expliquer l'existence du fini ? Comment, à un moment donné, le fini est-il venu à l'être ? Voilà une question que se pose naturellement l'intelligence humaine, et pour laquelle elle a imaginé plusieurs solutions différentes.

La réponse la plus simple, la plus commune depuis le Christianisme, est celle-ci : *Dieu a créé le fini, et il l'a créé librement.*

Nous acceptons cette solution, convaincus que c'est le seul moyen d'échapper au panthéisme, dont on a dit avec raison « qu'il est condamné à choisir entre deux alternatives contraires : Un Dieu qui est tout, qui absorbe et dévore l'univers et l'humanité, ou un Dieu réduit à l'abstraction de l'être, c'est-à-dire un Dieu qui n'est rien (1). »

Avant de se demander comment Dieu a *créé* le monde, il faut se demander comment il a pu le *concevoir ;* car, c'est là une première difficulté

---

(1) *Essai de philosophie religieuse*, par Em. Saisset, t. II, p. 368.

dont l'examen doit précéder celle de la création même. Voici en quoi elle consiste : Dieu est l'Un par essence, et il a conçu le *multiple*; il est l'absolu, et il a conçu le relatif; l'infini, et il a conçu le fini; introduire en Dieu la pensée du multiple, du fini, c'est y faire entrer, avec le multiple, le divisible; avec le fini, le changement, la limite, la négation, le néant; c'est le détruire.

C'est là l'objection dans toute sa force. Aristote allait moins loin, quand, au XII° livre de sa Métaphysique (c. ix), il prétend que Dieu ne peut connaître que lui-même; que, pour lui, embrasser par la pensée un autre objet, ce serait déchoir, c'est-à-dire perdre de sa perfection, et compromettre sa félicité.

Cette expression d'une même opinion, moins abstraite que la première, la commente et l'éclaire, ce nous semble.

Nous pensons, en effet, qu'il y a quelque chose d'excessif dans la première manière d'énoncer l'objection. Je crois que, pour y répondre, il faut faire une distinction qui ne s'y trouve point faite, une distinction entre l'entendement et l'essence d'un être. Supposer la conception du multiple dans l'entendement divin, ce n'est point, ce me semble, l'introduire dans l'essence divine, dans sa substance infinie; là seulement est le péril. Ainsi, vouloir mettre en Dieu le *temps* et l'*espace*, ce n'est pas en supposer l'idée en Dieu, c'est en faire deux de ses attributs, c'est les regarder comme éléments intégrants de son essence, et, comme par nature, le temps et l'espace sont divisibles, les introduire dans l'infini c'est bien réellement y placer la *divisibilité*, et en une certaine façon le néant.

Mais, ici, il s'agit d'une simple *conception*, celle du multiple par l'unité absolue; depuis quand a-t-on découvert qu'une idée quelconque a le pouvoir de modifier l'essence d'un être? Comment l'Un a-t-il été amené à concevoir le multiple? Je ne sais. Mais ce qu'il m'est permis d'affirmer, parce qu'il me semble le concevoir clairement, c'est que cette idée du fini, ne pouvant se transformer en attribut, ne doit rien changer à la substance divine. Pour notre esprit, un et simple par essence, concevoir la matière, ce n'est point participer à ses propriétés. Une qualité, je le sais, nous est commune avec elle; comme elle nous sommes finis. Mais ce n'est point parce que nous *pensons la matière*, que nous sommes ainsi. Je dis : une *qualité*, je devrais dire un *rapport:* nous soutenons, notre âme et la matière, un même rapport avec l'infini; l'âme saisit ce rapport entre les corps et elle, sans rien perdre de ses attributs, sans que l'objet agisse sur le sujet en le modifiant, en y introduisant un principe de ruine et de destruction. Pourquoi veut-on que cela ait lieu quand il s'agit de l'Infini? Ainsi cette conception du multiple ne compromet pas l'essence de Dieu, j'ajoute qu'elle n'en dégrade pas l'intelligence.

Pour notre entendement le multiple et l'un, le relatif et l'absolu, le fini et l'Infini sont corrélatifs; ils s'appellent l'un l'autre et se supposent; ce sont deux termes inséparables de toute pensée, deux éléments qui se complètent en se combinant, comme les deux électricités de nom contraire. Notre esprit est ainsi. C'est bien le fini qui éveille en nous l'idée de l'Infini; mais l'Infini seul peut nous éclairer sur le fini. Ce que nous disons de l'*Infini*, nous devons le dire également de l'*unité*. Cette notion de l'Unité la raison nous la donne, en présence du multiple que nous percevons partout dans le monde : alors l'intelligence poursuit l'unité à travers ce multiple, et très-souvent s'y perd et s'y égare, malgré les efforts qu'elle fait pour embrasser d'un regard l'ensemble des êtres, et pour en expliquer l'harmonie par une ou deux lois fort simples.

Ce qu'elle voit très-bien, c'est le multiple; c'est là son objet réel et positif: ce qu'elle aspire à découvrir c'est l'unité, et l'unité qu'elle cherche n'est encore pour elle qu'une *hypothèse*.

Dieu, ce me semble, voit autrement l'univers. Ce n'est pas le fini, qui est l'objet réel et positif de sa pensée, c'est l'Infini. C'est en lui qu'il contemple le plan absolument *un* de l'univers; c'est hors de lui qu'il voit ce plan réalisé de la manière la plus parfaite; et, ces êtres finis qui en font partie, il les voit dans un rapport nécessaire avec lui, c'est-à-dire dans une dépendance absolue de sa volonté. Il voit premièrement sa volonté créatrice, et, comme conséquence, le fini qui en émane.

Le fini n'est donc point pour lui, comme pour nous, une condition de la connaissance; c'est dans l'infini qu'il voit tout le fini, ou réel, ou possible; c'est l'infini qu'il pense avant tout; c'est donc l'infini qui est, pour lui, l'unique condition de la connaissance. En un mot, il ne dépend que de lui-même pour *connaître*; et, tout ce qu'il connaît, il le connaît comme ne relevant que de lui.

Sa pensée ne représente pas les objets, comme pour nous; *mais les objets représentent sa pensée;* elle les voit comme étant de lui et par lui : comme tenant de lui le fonds de leur être, et leurs rapports nécessaires et constants. Voilà pourquoi la crainte d'Aristote, au sujet de la pensée divine, est peu fondée. Pour ce philosophe, si la pensée de Dieu, au lieu de se penser éternellement, voulait penser le fini, le relatif, elle serait obligée de se déplacer, de changer d'objet, et *tout changement* dans cette pensée infinie, absolue, éternelle, serait une déchéance. — *Tout changement* serait contraire à cette nature souverainement parfaite, assurément; mais, pour Dieu, connaître le fini, ce n'est pas passer de l'*un* au *multiple*; ce n'est pas changer d'objet : il ne voit le multiple que dans l'*un* et par l'*un* : il ne cesse point de contempler son essence quand il connaît les essences finies. Connaître l'infini et le fini, comme conséquence rigoureuse de l'infini, tout cela ne suppose qu'*un seul acte* de l'entendement divin, de la Pensée éternelle.

Dieu pense l'univers, et il le pense sans introduire en lui le multiple, le changeant, sans déchoir en un mot : voilà un point établi; mais, cet univers l'a-t-il créé?

Certains philosophes contemporains qui se piquent, à juste titre, de raison, et qui, pour cela même, n'ont point de parti pris contre la doctrine religieuse qui enseigne la Création, déclarent que cette solution est la seule raisonnable, tout en admettant qu'elle ne dissipe point le mystère qui enveloppe l'opération divine.

Nous pourrions nous en tenir à ce résumé ; nous pourrions dire : 1° l'Infini existe, la raison le proclame; le fini existe, l'expérience le prouve; 2° l'Infini et le fini coexistent sans que ce dernier borne et limite le premier; l'Infini se pense éternellement, et pense éternellement le fini comme *possible*, ou comme *réel*. Mais voyons jusqu'où peut aller la raison, quand il s'agit des rapports du fini et de l'Infini, au point de vue de la causalité.

C'est le lieu de rappeler ce que nous avons dit du *principe de causalité*.

Ce principe se trouve dans tout entendement humain; sans lui, beau nombre de nos actions serait inexplicable; sans lui, les recherches de la science ne se pourraient concevoir. Ainsi il s'applique partout et toujours au fini, au multiple, au relatif. Quel en est le sens ? Tout a une cause, veut dire : non-seulement tout changement d'état, tout phénomène, tout événement a une cause, mais, *Tout être a une cause.*

Remarquons 1° que ce principe convient non-seulement aux modes, aux manières d'être des substances, mais encore aux substances; 2° qu'en outre, il n'implique aucune condition de *temps* et d'*espace;* ce qui fait pressentir la possibilité d'une cause qui échappe à ces deux conditions; 3° enfin que cette cause existe, puisque ce principe implique nécessairement cette proposition : Il doit y avoir un être sans cause.

Ainsi, c'est le principe même de causalité qui nous conduit à un être auquel il cesse de s'appliquer, à un Être nécessaire, pour lequel il n'y a plus ni temps, ni espace, ni cause antérieure et supérieure à lui. La raison, qui nous pousse à la recherche des causes, nous arrête devant la cause première.

Or, qu'est-il arrivé au sujet de ce principe? C'est que l'antiquité tout entière en a méconnu la portée, et que des philosophes contemporains ont, en ce point, imité l'antiquité. Pour les philosophes anciens *la matière est contemporaine de Dieu;* il n'en est pas un qui ne l'enseigne. Le mot *matière*, il est vrai, n'a point le sens vulgaire. C'est quelque chose de plus *indéterminé;* et il n'en faut point parler comme de la terre que manie le potier, ou du marbre dont le sculpteur tire une merveille. C'est presque quelque chose d'abstrait; c'est à coup sûr quelque chose de vague, qui admet les *contraires;* qui n'est ni corps, ni esprit. C'est le Fabricateur souverain qui lui donne ses *qualités;* qui en fait des *individus* en lui communiquant la *forme*. En somme : Il donne à la matière plus d'être que le statuaire ou le peintre n'en donne au marbre ou à la toile; son opération est d'un ordre supérieur; mais il ne donne pas tout l'être. Au moment où il agit, il a une matière première sur laquelle il opère et sans laquelle l'acte *ordonnateur*, je ne puis dire *créateur*, ne saurait avoir lieu. Tout intelligent, tout puissant, tout grand que soit ce Dieu, il dépend de la matière en une certaine mesure.

Ainsi : cette doctrine des spiritualistes de l'antiquité n'est nullement panthéistique ; bien que, pour être conséquente, elle devrait aller jusqu'au panthéisme, dès qu'elle accorde à deux êtres un attribut commun, l'éternité. Le principal inconvénient de cette théorie est énorme, on doit l'avouer, c'est de placer Dieu dans une certaine dépendance, c'est de subordonner son acte à certaines conditions qu'il n'a point choisies, et auxquelles il ne peut rien changer ; je dis son *acte*, non son essence.

Evidemment, c'est là amoindrir Dieu ; et cette conséquence forcée de la théodicée des anciens n'est point une conséquence voulue. Il n'entrait dans la pensée d'aucun spiritualiste de borner, de limiter la puissance divine ; et pourtant admettre l'éternité de la matière, c'est nécessairement admettre cette limite. Mais le borner, par quelque endroit, ce n'est pas seulement amoindrir Dieu, c'est le détruire. Ce qui limite Dieu, en ce cas, ce n'est point la coexistence, nous ne nous contredisons pas, c'est, pour ainsi dire, la *coéternité*, qui soustrait à l'action divine le fonds même de l'être qu'on appelle matière.

La science moderne croit cependant avoir découvert par l'expérience *que rien ne naît de rien, et que rien ne meurt.* « Comme les faits prouvent que la matière ne peut être ni *créée*, ni *anéantie*, mais seulement *transformée;* l'expérience démontre aussi d'une manière certaine qu'il n'y a pas un seul cas où une force quelconque puisse être créée de rien, ou qu'elle puisse être transmise à ce qui n'existe pas (1). »

Ainsi, pour ces philosophes, comme pour les anciens, il n'y a pas eu création proprement dite : La matière a toujours existé. Qui le prouve? L'expérience.

Les observations les plus patientes, les mieux dirigées, ne nous ont jamais montré *quelque chose naissant de rien;* pas de *génération spontanée*, voilà le dernier mot de la science.

C'est donc sur le terrain de l'expérience qu'on veut nous placer; nous nous y plaçons : c'est le langage de l'expérience qu'on vient de nous tenir; nous l'admettons. L'expérience bien faite doit nous révéler ce qui est; et c'est beaucoup :

(1) Büchner, *Force et matière*, pag. 15, trad. par Gros-Claude.

avant de savoir comment les choses se sont passées, nous devons apprendre comment elles se passent actuellement.

Mais depuis quand l'expérience peut-elle se retourner contre les principes de la raison ? De quel droit limite-t-elle, restreint-elle ces principes dont la portée est infinie? Pourquoi, lorsqu'il s'agit de la matière, voulez-vous ne voir que des séries de faits qui se succèdent de telle façon qu'en en considérant un, on le trouve précédé et suivi de faits analogues, sans qu'il soit jamais besoin de faire intervenir l'idée de cause, qu'il s'agisse d'une série particulière de phénomènes, ou de la totalité de la matière? Aussi le positivisme ne dit pas qu'on l'applique bien ou mal, en cette circonstance : suivant lui, on ne doit pas l'appliquer du tout. Dans son expression même, il est universel et absolu : Tout a une cause; mais dans son application à la matière, il y a restriction, et l'on ne voit pas la nécessité de remonter à une cause première, quand on peut tout expliquer par des transformations qui sont des faits qui ne supposent pas une cause de cette sorte.

Voilà le langage des positivistes, langage tranchant et sûr de lui-même. Nous voilà placés entre deux autorités : l'autorité de la raison et celle de l'expérience; celle-ci nous apprenant, dit-on, que les transformations qui se succèdent ne peuvent jamais s'expliquer l'une par l'autre, la seconde par la première, la dernière comme la précédente : que l'idée de loi est ici la seule application légitime de la raison, et que la raison a lieu d'être satisfaite. D'un autre côté, la raison nous dit : quand vous voyez deux faits se succéder, et que vous découvrez que l'un n'est point cause de l'autre, au lieu d'une cause il faut en chercher deux, une pour chacun des faits ; si, au lieu d'une succession de faits, vous avez une succession d'êtres, il faut se demander si un d'eux, pris au hasard, ne sort pas de celui qui précède : car, on joue sur des abstractions quand on ne parle que de *transformations* : il est des cas où il n'y a pas des transformations proprement dites, mais des êtres se métamorphosant : ce n'est donc plus d'un fait qu'il faut trouver l'origine, mais d'un être, et nous savons que tout être, transformé ou non, a une cause. Enfin, la raison nous enseigne que si vous êtes en présence d'une série d'êtres dont l'existence n'a rien de nécessaire, en remontant indéfiniment vous arrivez à un premier terme qui, pas plus que les autres, ne peut avoir en lui sa cause, et me force à m'élever jusqu'à un être nécessaire.

Au lieu d'essayer de concilier ce double langage, comme on pourrait le faire, Büchner semble secrètement guidé par un principe qu'il paraît prendre pour un axiome, de manière que cette proposition, placée au début de son livre : *il n'y a point de création*, inspirerait ses recherches, au lieu d'en sortir comme une conséquence. Mais ce n'est là qu'un soupçon. Contentons-nous de remarquer : 1° qu'il ne prouve aucunement qu'il n'y a de *causes*, de *vraies causes* nulle part; 2° que lors même qu'il prouverait qu'il n'y a pas de création par les forces naturelles, il n'aurait rien prouvé contre la cause première; 3° que l'expérience fût-elle exacte, c'est-à-dire, fût-il exact de dire : *il n'y a point de création actuellement*, il n'est pas logique de dire : les choses ont dû toujours se passer comme elles se passent aujourd'hui : donc, *il n'y a pas eu de création*.

Vous admettez des *transformations;* le mot est de vous. 1° Qui vous dit que ce n'est point par une suite de transformations que les forces de la matière en sont venues à l'état où elles sont, sans qu'on puisse retrouver le passé dans le présent ? 2° qu'avant la première transformation il n'a pas fallu la coopération d'une cause placée en dehors et au-dessus de la matière ? — Vous voyez partout un ensemble de phénomènes simultanés, ou une série de phénomènes dans le rapport d'antécédents à conséquents : qui vous dit que l'ensemble n'est pas dominé, coordonné par une cause ; que le premier terme de la série n'est point d'une nature particulière, cause absolue, nullement causée ? L'expérience de l'actuel ne prouve absolument rien sur le primitif, sur une création, si l'on veut se renfermer dans le présent et ne pas remonter trop haut dans le passé. Je l'admets. Mais j'attends encore les preuves par lesquelles vous voulez établir qu'au moment où je parle, il est impossible de découvrir un être sortant d'un autre être, sans en être comme la transformation et le prolongement.

Il y a des faits que vous voyez bien, que vous analysez avec finesse, dont vous rendez admirablement compte ; tout cela je vous l'accorde ; mais tout ce que vous ne voyez pas, ou ne voulez pas voir, d'autres l'ont vu. De façon que votre conclusion sortirait de prémisses incomplètes, ou n'y serait pas renfermée du tout.

S'il est peu logique d'opposer aux notions *à priori* les résultats d'une expérience parfaitement sûre d'elle-même, à plus forte raison est-il interdit de le faire, quand cette expérience, boiteuse et chancelante, a besoin d'être soutenue par des principes pris absolument en dehors d'elle.

Ainsi, bien que vous prétendiez tout devoir à l'expérience, vous me semblez avoir une certaine manière de concevoir les choses qu'on pourrait prendre pour un *à priori*. **Pas de force sans matière**, dites-vous. En ce point, on l'a déjà vu, nous sommes d'accord. J'ai déjà déclaré que *force* et *étendue* (*matière* est pour moi la réunion des deux choses) sont inséparables : que partout, dans la nature, où il y a étendue il y a force, et que l'étendue est le substratum réel de la force. J'ai emprunté à la Physique mes meilleurs arguments, ce me semble. De ce principe, que j'accepte, vous tirez une double conclusion : 1° la force, immortelle par nature, communique à la matière son immortalité ; 2° la force étant inséparable de la matière, il ne peut exister de forces en dehors de la matière, et ce que l'on dit d'une force créatrice, distincte de la matière, est absurde.

Je ne sais pourquoi la force est plus *immortelle* que la matière. Vous voyez, d'un côté, probablement, en l'une, quelque chose d'*un*, d'*identique*, d'*indivisible*, en l'autre quelque chose de *divisible* et de *divers*; ce qui est retomber dans la manière de concevoir les choses par vous blâmées; tandis qu'il faudrait voir la force telle que l'expérience la donne, la force réelle se manifestant dans l'étendue, par l'étendue, n'étant que l'étendue agissante, toujours active, cause, principe, origine de tout mouvement. On dirait que votre conception de la force est une pure conception de l'esprit, abstraite, *immortelle* parce qu'elle n'est pas *vivante*. Si je ne me trompe pas sur votre manière d'envisager la force, cette force est incapable de communiquer à la matière une immortalité qu'elle n'a point, par la raison bien simple qu'elle n'est pas réelle.

D'un autre côté, vous tenez, je crois, à ce qu'on ne sépare pas l'idée de force de l'idée de matière; vous voulez qu'on ne voie de force que dans la matière et que l'on considère comme une pure *entité, comme une abstraction vide*, toute force qui n'aurait pas la matière pour *substratum*. Tout cela est bien imaginé pour bannir Dieu du monde : mais qu'on me permette de timides distinctions.

Non, quand il s'agit de phénomènes physiques, il ne faut pas séparer la force de l'étendue; la séparer c'est faire une abstraction, et créer une entité. Les effets de cette force sont bien connus : ce sont des déplacements dans l'espace; ce sont des passages d'un état à un autre, de l'état solide à l'état liquide, de l'état liquide à l'état gazeux : tous ces changements, toutes ces métamorphoses sont bien du monde physique et tombent sous les sens. Mais où avez-vous pris que le mot *force* ne désigne, ne peut désigner que la *cause* d'effets de ce genre? qu'est-ce qui, dans la notion de *force*, implique nécessairement l'idée de phénomènes sensibles? une preuve qu'elle ne l'implique pas, c'est que la *Mécanique rationnelle* l'étudie dans ses rapports avec des êtres qui n'ont aucune des propriétés de l'étendue.

Mais ce n'est point à l'abstrait que nous voulons avoir affaire. Qu'on se rappelle ce que nous avons dit de la notion de cause et de son origine (force et cause sont synonymes pour nous). La première cause que nous connaissons, c'est celle que nous sommes. Nous nous sentons *cause* de nos pensées, de nos déterminations, de certains actes de répression à l'égard de nos passions et d'autres mouvements naturels ; *cause* de certains mouvements de notre corps ; de déplacements de corps étrangers produits par l'intermédiaire du corps qui est nôtre, qui est nous. Cette force ainsi conçue, ainsi connue, est-elle une *vide abstraction* ou une force réelle, vivante, séparée cependant de la matière, mais se manifestant en elle et par elle? C'est à la conscience de répondre. Si, au lieu de nous renfermer dans un ordre particulier de phénomènes, les phénomènes physiques, nous découvrons, par un moyen aussi sûr que l'observation externe, un autre ordre de faits tout à fait différents des premiers ; si, de plus, la cause de ces derniers est saisie immédiatement, non-seulement dans ses effets, mais en elle-même ; si cette cause nous est connue comme indépendante de la matière pour être et pour durer, déployant son activité tantôt sans sortir d'elle-même, tantôt à propos de ses rapports avec des êtres différents d'elle et d'une tout autre nature, si une telle force existe, la critique de M. Büchner ne tombe-t-elle pas, et ceux qui pensent qu'il pourrait se rencontrer une force de cet ordre, c'est-à-dire spirituelle, douée d'une énergie et d'une puissance telles qu'au lieu de phénomènes, elle produirait une suite d'êtres finis, sont-ils si insensés?

En réalité, ce que le philosophe allemand oppose à la création, ce ne sont pas des arguments, ce sont des conjectures. Et conjectures pour conjectures, la nôtre peut paraître plus vraisemblable.

CHAPITRE X.

L'INFINI A CRÉÉ LE FINI : COMMENT LE CONSERVE-T-IL?

L'infini conçoit le fini; il l'a conçu pour le créer; il l'a créé, voilà ce que nous croyons pouvoir affirmer, bien que cette création renferme plus d'un mystère.

Quels sont actuellement les rapports de Dieu avec le monde? Comment le conserve-t-il? Voilà les questions qu'il nous faut maintenant examiner.

Et d'abord, que devons-nous penser des *causes secondes?* Convient-il d'en tenir compte, ou de les supprimer, comme le fait Malebranche, en les réduisant à n'être plus que des causes *occasionnelles,* ou devons-nous les regarder comme absolument indépendantes de toute autre cause, comme l'ont cru la plupart des savants? Entre ces deux extrémités n'y a-t-il pas un milieu?

Ce qui nous frappe le plus dans le monde, dans l'univers matériel, c'est le mouvement. Changements de place, de volumes, d'états, tout suppose le mouvement. Le mouvement est partout, la force, partout; depuis l'*attraction molé-*

culaire, si bien nommée, jusqu'à l'attraction des corps célestes, je vois partout un enchaînement d'effets et de causes. Si la matière est essentiellement active, comme nous avons essayé de le prouver, il n'est pas étonnant que son énergie se révèle de mille façons différentes sur tous les points de l'espace et de la durée. Quoi qu'il en soit, nous voilà en présence de deux explications différentes, celle d'Aristote et des savants en général, et celle de certaines âmes pieuses ; les premiers pensent qu'on peut trouver dans le monde même la cause du mouvement, et que, dans une force quelconque, sont contenus, en puissance, tous ses développements ultérieurs et tous ses effets à venir ; les autres prétendent que Dieu fait tout dans le monde ; qu'il lance la foudre, déchaîne les vents, exerce partout une action mécanique qui se transmet avec des vitesses inégales suivant la nature des milieux. Dieu est ainsi, tout à la fois, cause première et cause seconde.

Demandons à l'expérience ce qu'il faut entendre par une cause. J'ai, sur un billard, trois billes, deux blanches et une rouge ; j'applique la queue à l'une des blanches en choisissant le point d'application de la force, et voilà les trois billes en mouvement ; celle que j'ai frappée a chassé devant elle l'autre blanche, et cette blanche, la rouge. Ainsi, cette dernière doit son mouvement à une blanche, cette blanche à la blanche que j'ai touchée de la queue, la queue à mon bras, mon bras à ma volonté. Tout ce qui a produit du mouvement est cause : la seconde bille blanche, la première, la queue, mon bras, ma volonté. Mais toutes n'agissent pas de la même manière; les causes sensibles agissent mécaniquement, la science en peut calculer les effets; il n'est pas de même de la cause spirituelle que j'appelle ma volonté; elle échappe à toutes les opérations mathématiques.

Si Dieu agit sur le monde, évidemment c'est à la façon de ma volonté. Mais, est-il nécessaire de le faire intervenir dans la production des divers phénomènes du monde physique? Nous le croyons, parce que nous voulons voir partout une ou des impulsions initiales, et que nous faisons l'univers à l'image de ce petit monde que nous venons d'observer sur le billard. Remarquez qu'ici le plan sur lequel se meuvent les billes, les billes, la queue, la direction et la combinaison des mouvements, tout est de nous; mais, est-ce bien là la nature? N'y a-t-il de mouvements que par impulsion?

Et d'abord, tout ce qui se passe entre les billes, entre les billes et le billard peut-il s'expliquer par la quantité de mouvement que j'ai communiquée à la première bille? Pas tout absolument. Il y a des effets dus à la force élastique des billes, et à celle des bandes. Cette force est inhérente à la matière, et elle modifie de mille manières le mouvement initial; il en faut donc tenir compte. Les propriétés de la matière jouent donc leur rôle dans les mouvements de l'univers, et un rôle considérable. Nous l'allons voir mieux encore.

Un fruit tombe d'un arbre et s'écrase sur le sol; une branche s'en détache et flotte sur l'eau qui se trouvait auprès; l'air, par l'effet de la chaleur, se raréfie dans un espace déterminé, l'air des espaces environnants, plus froid et plus dense, se précipite dans l'espace échauffé, voilà du vent. L'air, saturé d'humidité, se refroidit brusquement, et cet abaissement de température amène la pluie; le rayonnement nocturne donne la rosée; la séve monte par des tubes capillaires dans la plante et la nourrit; le sang circule dans mon corps grâce à l'élasticité et à l'irritabilité du cœur, ainsi qu'aux dispositions ingénieuses de ces canaux qu'on appelle des veines et des artères. Où voyez-vous dans tout cela des impulsions initiales et des mouvements communiqués? La réalité ne ressemble pas à une hypothèse, à un exemple choisi à plaisir. Tout s'explique par les propriétés de la matière, et par les forces qui sont en jeu en elle, et c'est là ce que j'appelle des *causes secondes*. Une cause seconde a une énergie propre; elle se développe en vertu du ressort qui est en elle, conformément à certaines lois qui font rentrer son action particulière dans le concert de toutes les forces qui composent l'univers physique.

Une cause, pour être digne de ce nom, doit contenir virtuellement en elle un nombre indéfini d'effets divers; telles sont, ce me semble, les agents ou forces physiques. Mais, comme la force mécanique de mon bras n'exclut point la force spirituelle de ma volonté, et reste toujours sous sa dépendance, on peut dire que les forces naturelles de la matière ont toujours au-dessus d'elles une Puissance immatérielle, libre d'intervenir dans des jeux de forces qui n'auraient pas l'être sans elle, et qui reste maîtresse de son action, de façon à pouvoir modifier de mille manières son œuvre primitive, sans violer les lois de convenance qu'elle a imposées à ces natures contingentes.

Telle n'est point, je le sais, la doctrine de tous les philosophes, pour expliquer la permanence du contingent dans l'être, ou, plus simplement, la conservation de l'être créé. Il existe une théorie fort en honneur, celle de la *création continuée*, mais diversement interprétée. Nous examinerons les deux sens différents donnés à ces mots *création continuée*, et nous verrons si, dans l'un ou l'autre sens, on échappe à toutes les difficultés.

Les uns vous disent : écartons cette hypothèse qui consiste à voir, dans la création continuée, une série d'actes distincts qui, à chaque instant, créent à nouveau l'être qui, à chaque instant, s'anéantit.

Les inconvénients de cette théorie sont considérables (c'est ce que nous montrerons), et voici l'explication qu'on y substitue : « L'action conservatrice prolonge, avec une continuité non interrompue, la parole créatrice qui appelle chaque être contingent à l'existence (1). »

C'est Dieu qui, par un acte unique, crée l'être et le *maintient* dans l'existence : d'où la définition suivante : L'être contingent est celui qui ne peut par lui-même ni commencer ni continuer d'être (2). Or, cette définition préjuge précisément de la question. Ce que nous voulons savoir c'est si l'être contingent peut continuer de vivre d'une vie d'emprunt, d'un don gratuit

---

(1) *Théodicée*, par Am. de Margerie, t. II, pag. 232.
(2)   Id.   id.

accordé à sa naissance; ou, s'il ne vit qu'en vertu d'une volonté expresse et efficace de le continuer dans l'être, qui persiste en Dieu autant que dure l'être contingent.

L'explication que nous avons citée, avant la définition, nous paraît une phrase aussi harmonieuse que peu claire, et nous laisse toute notre incertitude.

Nous nous demanderons si l'être contingent ne serait pas « celui qui ne peut ni commencer par lui-même ni durer au delà du terme assigné aux individus de son espèce, par une cause supérieure. »

L'autre manière d'entendre la création *continuée* est celle de Descartes; voici le texte le plus important sur ce sujet : « Tout le temps de ma vie peut être divisé en une infinité de parties, chacune desquelles ne dépend en aucune façon des autres, et ainsi de ce que un peu auparavant j'ai été, il ne s'ensuit pas que je doive maintenant être, si ce n'est qu'en ce moment quelque cause me produise et me crée, pour ainsi dire, derechef. En effet, c'est une chose bien évidente à tous ceux qui considéreront avec attention *la nature du temps, qu'une substance pour être conservée dans tous les moments qu'elle dure,* a besoin du même pouvoir et de la même action qui serait nécessaire pour la produire et la créer tout de nouveau (1). »

Le lecteur a pu remarquer ce passage singulier : il est bien évident à ceux qui *considéreront* attentivement *la nature du temps qu'une substance, pour être conservée,* etc. Ainsi, c'est la nature du temps qui doit nous éclairer sur la nature des substances. Pourquoi? Je crains qu'il ne reste pas grand chose de la substance, après mûr examen.

Entrons dans l'idée de Descartes. Voici un être qui agit en ce moment, pourquoi en ce moment? Est-ce parce qu'il était hier? Partagez sa durée en heures, en minutes, en secondes, vous pouvez dire que la minute présente ne dépend pas de la précédente, que de la minute présente ne dépend point la minute à venir; que ces diverses minutes ne s'engendrent point les unes les autres, qu'elles ne sont jamais dans le rapport de cause à effet; il n'y a entre elles qu'un rapport de succession. Mais, si elles ne dépendent pas les unes des autres, elles dépendent d'autre chose, de mon esprit qui les conçoit et les imagine, et c'est précisément cette dépendance de mon esprit qui fait qu'elles ne peuvent dépendre d'aucune autre

---

(1) *IIIe Médit.* sub fin. — Voir aussi Bouillier, *Histoire de la Philosophie cartésienne*, dernière édit., t. I.

chose. La division que je viens d'établir dans le temps est une opération de ma pensée qui ne répond pas absolument à la réalité, et ne la représente point telle qu'elle est. Aussi, quand on a prouvé cette indépendance mutuelle des différentes parties du temps, on n'a rien prouvé pour l'être même qui dure. L'être n'est point lié à cette abstraction, et n'a rien absolument à voir avec elle; c'est, au contraire, l'abstraction qui dépend de la réalité, sans laquelle aucune abstraction ne saurait être.

Ainsi nous avons, d'un côté, des quantités abstraites qui s'ajoutent ou se retranchent à mon gré, de l'autre une *substance*, c'est-à-dire une *cause*, car, c'est tout un (Descartes l'oublie). Or peut-on conclure de l'indépendance des parties du temps, à l'indépendance des évolutions successives d'un même être? Ce raisonnement qui passe d'une chose à une autre si différente, pour les identifier, est-il légitime? Et cependant toute la théorie de Descartes repose sur cette confusion d'une abstraction avec une réalité vivante. Chaque déploiement nouveau de la force, qui est en celle-ci, a sa raison et sa cause dans un déploiement antérieur, et tous sont dans le rapport de cause à effet. Pour sortir des généralités, ne dit-on pas que la jeunesse dépend de l'enfance, que celle-ci se ressent beaucoup de la nature des parents ; que la vieillesse est un peu ce que l'ont préparée la jeunesse et l'âge mûr? Cela est vrai de tous les êtres organiques : ces dépendances n'accusent-elles point des relations nécessaires entre les divers moments du développement d'un être? L'être qui naît a en lui une activité, ou des énergies virtuelles qui se déploient, se montrent successivement, s'accroissent avec le temps, comme le ressort enroulé, quand plus rien ne le retient, se déroule en vertu de son élasticité. Toutes les forces, que l'on découvre dans la nature, sont, pour ainsi dire, enclavées les unes dans les autres, et dépendent les unes des autres pour agir et se développer; elles se limitent, mais en se modifiant; s'il y a réaction, c'est qu'il y a eu action. Ainsi chacune d'elles dépend de quelque chose de réel, mais non d'une abstraction comme le temps. Ces défaillances présumées, que l'expérience ne pourra jamais constater, je ne les vois nulle part.

Ainsi, nous devons nous faire de la contingence une autre idée ; voici celle que je propose : être contingent, c'est avoir commencé par un être, n'importe lequel, fini ou infini, et avoir une durée que rien ne peut accroître, que tout peut abréger. Tout ce que nous allons dire dans la suite, nous confirmera, je l'espère, dans cette idée.

Nous avons vu naître une foule d'individus, et nous croyons assez bien renseignés, sur ce point, pour avoir le droit de penser que tous les êtres finis, même ceux que nous n'avons pas vus, ont commencé. D'un autre côté, nous en avons vu finir un grand nombre, et nous savons, à n'en pouvoir douter, qu'aucun d'eux n'aurait pu ajouter une seconde à la durée qu'il leur a été donné de vivre, vu que chaque être se développe et décroît suivant des règles fixes; que chacun de nous est dans l'impuissance absolue de prolonger d'une minute la vie de ceux que nous aimons le plus; et que nous-mêmes nous sommes entraînés avec une vitesse, qui semble s'accroître de jour en jour, vers le terme de notre existence. Ainsi, la force vitale, qui est en chaque être, est soumise à des conditions extérieures de développement sans lesquelles elle peut rester virtuelle; soumise à des phases successives et déterminées qu'elle ne peut intervertir, et dont elle ne peut supprimer une seule : cette force peut être contrariée par d'autres forces, arrêtée, suspendue, anéantie par une puissance supérieure. Voilà où est la contingence et la caducité de chaque être fini.

On a beau dire : *Rien ne meurt; tout se transforme; pas une molécule ne périt;* que me fait votre molécule. Ce qui m'intéresse, c'est l'individu; et c'est justement l'individu qui meurt. Où est la vie? n'est-ce pas dans l'individu, et non dans l'espèce, ou dans le genre? — Que me fait à moi cette immortalité du genre, si l'individu périt, *l'individu qui seul existe réellement*? Ainsi tout être fini se trouve doublement limité par la naissance et par la mort, et ces limites sont plus ou moins rapprochées suivant la nature des êtres, et suivant les accidents auxquels sont exposées ces existences vraiment éphémères.[1]

Est-ce là marquer assez la contingence des êtres finis, ou faut-il aller plus loin; faut-il nous les représenter sur le point de s'anéantir à chaque instant indivisible de leur durée, et ne devant leur persistance dans l'être qu'à une *création continuée*? Si l'on pouvait établir le fait que *chaque être mourrait, s'il n'était sans cesse créé*, il n'y aurait rien à dire; sa dépendance à l'égard de Dieu serait parfaitement prouvée; il n'y aurait pas à chercher un autre rapport entre l'Infini et le fini. Mais, aborder le problème par ce côté est peu commode et peu sûr : l'expérience ne nous dit rien de semblable sur ce point. Loin de là; les apparences semblent aller contre cette hypothèse. *Chaque individu nous paraît vivre en vertu d'un principe qu'il possède en propre* : il a l'air de se maintenir dans l'être parce qu'il a en lui une *force personnelle* qui ne peut lui faire défaut qu'à une époque déterminée par sa nature ; jusque-là elle semble *sûre d'elle-même*, et ne paraît dépendre que des circonstances qu'elle peut conjurer par sa prévoyance, quand elles sont menaçantes ; qu'elle peut se rendre favorables, quand l'expérience lui a appris à le faire. En supposant écartés tous les dangers auxquels l'individu est exposé, et cette hypothèse se réalise plus d'une fois, il ira jusqu'au bout de sa carrière, c'est-à-dire que la force, qui est lui, se déploiera librement ou fatalement, mais atteindra nécessairement, et en vertu de sa nature, la limite de son énergie; produira d'elle-même tous les effets qu'elle est appelée à produire et diminuera insensiblement jusqu'au moment où elle doit s'éteindre, voilà ce que nous remarquons pour tout individu, ou pour toute force accumulée sur un objet déterminé. Il y a là une loi de croissance et de décroissance que je ne comprends plus si elle est une variation dans l'énergie de la cause qui crée pour continuer dans l'être une substance.

Enfin, me dira-t-on, est-il un seul instant où l'existence de cet être borné soit nécessaire ? Assurément non. Il ne peut rien y avoir de nécessaire dans le contingent, ni dans sa naissance, ni dans sa durée. Mais de ce qu'un être n'existe point nécessairement, s'ensuit-il qu'une fois créé les divers moments de sa durée ne dépendent pas les uns des autres, n'aient pas les uns dans les autres leur raison d'être ? Il y a là une confusion évidente. *Raison d'être* est pris dans le sens de *nécessité.*

Je me promène, ma promenade a sa raison d'être dans ma volonté, et ma volonté dans l'idée que j'ai que cet exercice m'est salutaire. Il n'y a là rien de nécessaire, mais tout a sa raison d'être, sa *raison suffisante,* si vous aimez mieux. Tout dans la conduite d'un homme sensé a sa raison d'être ; tout se tient et tout s'enchaîne. Qu'y a-t-il donc d'étrange à dire que dans un être quelconque, chaque développement a sa cause, sa condition, sa raison d'être dans un développement antérieur ?

Qu'on y réfléchisse bien, et qu'on se demande quelle est des deux hypothèses, celle de la *création continuée,* ou *celle* que nous venons d'essayer, qui fait le plus d'honneur à Dieu, qui montre le mieux sa Puissance. Dans le premier cas, l'être fini vous paraît si peu consistant que vous supposez qu'il ne peut vivre une seconde, si Dieu ne le crée continuellement ; dans le second, nous supposons que Dieu, en créant un être, dépose en lui une puissance de durée qui se déploie par un mouvement spontané et naturel ; que Dieu, en créant cette force, en a connu d'avance la limite, le jeu, les effets et les conséquences les plus lointaines. Il a fait de même pour toutes les forces ; il les a coordonnées en un vaste système, soumis à des lois qui ramènent le tout à l'unité. Croit-on que cet être réel, cet être persistant en vertu d'une force propre, ne rappelle pas mieux l'être éternel, que cette ombre d'être que nous donne la *création continuée*? Nous ne pensons point rabaisser le Créateur en grossissant l'importance de son œuvre ; nous ne devons point oublier surtout, qu'à force d'amoindrir l'être relatif, nous finissons toujours par en faire un pur phénomène, un mode de la substance divine.

Qu'enseigne la science à cet égard? Que le monde physique a probablement débuté par l'état gazeux. Qui m'empêche de dire (je ne vois aucune impiété à le faire) que Dieu a déposé, en cette masse gazeuse, tous les éléments, toutes les forces, toutes les lois qui devaient amener cette série d'états et de phénomènes dont la matière est le théâtre, et dont elle sera le théâtre jusqu'au terme de sa durée? Communiquer son être et sa puissance à un être fini, dans la mesure du possible, et faire que son action réelle et efficace soit une image fidèle de l'action créatrice, est-ce vraiment diviser son royaume au point de le compromettre?

La science nous dit encore qu'au commencement fut créé un certain nombre de couples d'êtres vivants, doués d'une vertu reproductrice qui se perpétue, d'individus en individus, jusqu'à nous (1), et dont l'effet se fera sentir dans une suite de siècles qui nous est inconnue.

Que devient cette faculté de se reproduire qui semble accordée à l'être vivant, si Dieu le crée à chaque instant de sa durée, et quel nom lui donner? Tout est illusion dans ce que nous croyons voir, dans ce que nous croyons sentir en nous-mêmes. Nous avons de la force cette idée qu'elle renferme en elle la cause de tous ses effets, et le principe de ses développements successifs. Il n'en est rien. Il n'y a qu'une cause toujours en acte, produisant tout, conservant tout par une opération absolument identique à la création, c'est la cause première. L'être fini est une ombre d'être, un fantôme de réalité. Voilà pourquoi Fénelon a pu dire : Dieu n'aurait pas besoin d'un acte positif pour anéantir un être; il n'aurait qu'à cesser de le soutenir dans l'exis-

---

(1) Nous dirons avec Aristote : « C'est un homme qui produit un homme. »

tence, qu'à le laisser aller à son néant; il n'aurait qu'à cesser de le créer, pour qu'à l'instant il cessât d'être. Convenons que c'est bien là du mysticisme. Quant à la comparaison qu'il emploie, elle est loin d'éclaircir le mystère : *il en est de toute créature, entre les mains de Dieu, comme d'une pierre que notre main soutient;* il n'est pas besoin que nous la lancions pour qu'elle tombe; il suffit de retirer notre main. Remarquons que ce n'est point dans le néant qu'elle tombe; qu'elle subsiste après sa chute, comme avant sa chute; qu'elle n'a fait que se déplacer; que le sol qu'elle rencontre joue exactement le rôle de notre main; que la situation est donc toujours la même pour elle. Elle était d'abord le point d'application de deux forces qui se faisaient équilibre : l'attraction terrestre et la force de mon bras; mon bras est remplacé pour elle par la surface sur laquelle elle repose; il n'y a donc rien de changé dans son état, dans son existence : je ne vois aucune analogie entre elle et l'existence de l'être fini. Peut-on dire que Dieu nous tient dans un stable et continuel *équilibre* entre l'être et le néant? L'être est bien une force, mais le néant?

Qu'au lieu du monde physique, de la matière organique, ou de celle qui ne l'est pas, il s'agisse du monde des âmes, combien les difficultés et les contradictions s'accumulent !

Qu'on se rappelle tous les arguments donnés ordinairement en faveur de l'immortalité de l'âme, arguments tirés de sa nature, de ses propriétés, de ses facultés, en un mot de son fonds, que deviennent-ils? Vous dites : l'âme est immortelle parce qu'elle est douée d'une vie qui lui est propre, parce qu'elle possède toutes les conditions d'une durée sans fin ; et, quand vous vous placez sur les hauteurs de la métaphysique, vous ne voyez plus rien de réel que l'acte créateur et conservateur tout à la fois, et vous déclarez que l'être fini est *mortel à tous les instants de sa durée*, qu'il n'a aucune consistance, qu'il n'a en lui aucun principe qui puisse le maintenir dans l'être. Vous avez donc un langage pour les initiés, ce dernier, et un pour le vulgaire? Je croyais que le temps de ce double enseignement était passé. Il faudrait pourtant s'entendre avec soi-même; dire que l'âme est *immortelle parce que Dieu la crée continuellement*, c'est ne rien dire; je ne vois là que contradiction et non-sens.

On ne peut voir, dans notre critique, le désir de soustraire l'âme à la dépendance nécessaire où le fini doit se trouver eu égard à l'Infini, si l'on se rappelle que nous avons considéré Dieu comme le principe de la vie intellectuelle, et la fin ou le bien suprême de nos âmes. Les lois du monde moral sont celles du monde intelligible; nous sommes convaincus que c'est du second que vient au premier non-seulement l'être, mais encore le développement de l'être. Plus la communication de l'âme avec l'infini est intime et fréquente, plus elle accroît ses forces et son énergie propre. On dirait que chaque âme a une racine dans le monde intelligible, qu'elle y puise une vie dont l'activité est en raison directe de sa puissance d'*assimilation*. Avant l'assimilation, tout est divin; après, tout est humain et personnel; mais, dépendre est la condition nécessaire de nos âmes.

Cette hypothèse ne vaut-elle pas celle de la *création continuée?* Dieu, suivant Malebranche, agit toujours par les voies les plus simples; n'était-il pas plus simple de donner à chaque individu tout l'être en une fois plutôt que de le donner en un million de fois?

Nous nous méprenons peut-être ici sur le sens du mot : *continuée;* on ne veut pas dire, je l'admets, que cette multiplicité de créations suppose en Dieu une multitude infinie d'opérations identiques, une répétition d'actes successifs; non, on ne place en Dieu ni le multiple, ni le successif, on comprend que ce serait y introduire le monde créé; et c'est là une forme du panthéisme. L'acte créateur, dit-on, est de Dieu, et ne peut tomber dans le temps; l'effet seul de cet acte admet la multiplicité et la limite. L'objet créé tombe dans le temps par ce fait seul qu'il est borné, et que rien de ce qui est fini et relatif ne peut échapper à la loi du temps; la cause absolue seule y échappe par cela seul qu'elle est infinie. Créer mille fois un être, pour Dieu, peut être, d'une manière qui m'est incompréhensible, le fait d'un acte unique. Mais voici une chose que je conçois clairement: Tout ce qui va de Dieu à moi est *un* en Dieu, *multiple* pour moi, en tant que cet objet me touche et que ma pensée le fait *mien*.

Aussi, les philosophes qui ont adopté la *création continuée*, et qui se sont gardés de voir en Dieu une série d'actes successifs, ont dû identifier l'acte *conservateur* avec l'acte *créateur*, pour ne voir en Dieu, à la place d'un nombre infini d'actes successifs, qu'un acte unique; mais ce correctif laisse subsister la plus grave des difficultés; car ils ne remarquent pas que, si *l'acte conservateur est identique à l'acte créateur,* la créature se trouve à chaque instant indivisible de sa durée exactement au point où elle était avant de naître; ils ne remarquent pas que la crainte de rendre trop indépendante la créature les pousse à identifier en elle l'être et le non-être, et à ne reconnaître qu'une substance, à laquelle appartiendrait nécessairement toute vie, tout attribut, tout phénomène.

Reste une difficulté fort grave. Nous avons dit : *Dieu ne change pas, il est immuable*, et pourtant si la création ne peut être conçue que sous la loi du temps, elle a commencé ; si elle a commencé, il y eut un moment où elle n'était pas encore ; Dieu ne la voulait pas d'abord, et il l'a voulue au moment où elle a passé du néant à l'être. Si Dieu a pris, à un instant donné, une résolution qu'il n'avait pas avant, il a changé ; s'il a changé dans ses déterminations, elles ne sont ni éternelles ni immuables.

Une seule distinction, une simple réponse. Ce qu'il faut sauver ici de la succession et de la mutabilité, ce n'est pas son acte, cette question viendra après, ce sont ses résolutions. Que Dieu ait voulu éternellement le monde, rien ne s'y oppose, s'il était libre de le créer ; s'il l'a voulu éternellement, ses résolutions sont restées *immuables*, car il le veut encore ; il l'a voulu *possible*, il le veut *actuel* et *réalisé ;* il n'y a donc pas eu le moindre changement dans ses volontés ; toute la question était là.

Maintenant, qu'il ait créé le monde dans le temps, il était absolument impossible qu'il en fût autrement, puisque l'acte divin ne pouvait aboutir qu'à des êtres finis. La cause est restée *une* et *immuable*, parce que c'est sa nature; comme les effets sont *multiples* et *successifs*, parce que c'est leur nature. Dieu a donc toujours conçu, toujours voulu, toujours aimé le monde; il n'a donc point changé.

Quant à l'action même de créer, voici ce qu'on en peut dire pour montrer qu'elle n'est point contraire à l'immutabilité divine. Dieu est une cause toujours en acte, une énergie toujours agissante et toujours égale, projetant hors d'elle, par un mouvement unique, les êtres les plus divers. La diversité des effets n'affecte nullement la cause, n'y change rien; l'effet commence, l'effet finit; ce *commencement*, cette *fin* n'appartient nullement à la cause; ils sont dans l'effet et point dans la cause; l'effet est hors de la cause, soumis à tous les accidents de ce qui est fini; la cause ne sort point d'elle-même, elle y reste avec tous ses attributs; son acte n'a ni commencement, ni fin.

Pourquoi Dieu a-t-il créé le monde? C'est là le plus profond des mystères. Nous devons nous contenter de répéter avec tout le monde : Il l'a créé, parce qu'il est Bon. Étant connue la nature de Dieu, c'est l'idée la plus simple qui se présente à l'esprit; si nous trouvions, en outre, partout, dans l'univers, des preuves de sa bonté, nous pourrions bien nous imaginer que nous avons trouvé le vrai motif de la création.

C'est donc l'ordre de l'univers, et la manière dont Dieu le gouverne que nous allons étudier; en un mot, c'est la question de la *Providence* que nous abordons.

Mais avant, nous pouvons résumer ainsi tout ce chapitre : Nous admettons la création, parce que cette hypothèse, loin de contredire le Principe de causalité, n'en est que l'expression la plus haute, tandis que nous repoussons la création continuée, parce qu'elle n'est ni une nécessité de la raison, ni une donnée de l'expérience.

CHAPITRE XI.

PROVIDENCE ET CAUSES FINALES. PROVIDENCE DANS LE MONDE PHYSIQUE.

Nous avons vu que la *création continuée* conduit droit au spinozisme, et qu'elle supprime la Providence. Elle la supprime, car Providence veut dire *prévoyance*, c'est-à-dire action de voir d'avance dans une cause que l'on crée, tous les effets qui en sortiront, étant donné le milieu dans lequel on l'a placée. Il n'y a nulle nécessité à cela si Dieu agit à tous les moments de la durée d'un être pour le créer et le recréer, Il peut, à chaque instant, modifier son action, puisqu'elle est la cause unique dans le monde, non-seulement de tout être, mais de toute manière d'être (1). Il n'y a rien qui coopère avec lui; il n'a pas d'artistes secondaires qui achèvent son œuvre, il n'a donc à compter ni avec les personnes, ni avec les choses. Il est tout dans le monde; il n'a donc rien à diriger, et l'évolution de l'univers n'est que l'évolution de sa substance, seule vivante, dissi-

---

(1) L'acte de la cause créée ne peut être, en ce cas, que le prolongement de l'acte créateur.

mulée, masquée par je ne sais quelles ombres d'être. On ne peut donc pas dire que l'on découvre la Providence dans l'histoire de ces développements indéfinis de la nature. Que peut être la Providence pour Dieu, la Providence veillant à l'épanouissement, à l'expansion de ses propres énergies?

Pour nous qui croyons que Dieu est la cause directe des êtres, et encore pas de tous, quand ils s'engendrent les uns les autres, nous pensons qu'il laisse aux causes secondes le soin de produire les phénomènes. Alors nous pouvons nous demander s'il fait concourir ces causes secondes, qu'elles le sachent ou qu'elles l'ignorent, à l'exécution d'un plan où se révèle sa Providence; où tout est préordonné, coordonné, subordonné, de façon à découvrir les relations manifestes des moyens à la fin, et une grande simplicité de moyens.

Il a été fait à cette question deux réponses tout à fait opposées.

Il y a des savants qui vous diront : Dans le monde tout est nécessaire : les forces naturelles sont aveugles et produisent *au hasard* les effets et les phénomènes que nous connaissons. Parmi ces effets, il y en a beaucoup qui sont contraires à l'idée qu'on doit se faire de la divine Providence, et tous les autres sont inexplicables par la théorie des *causes finales*.

D'autres reconnaissent qu'il y a dans la nature, bien des obscurités et des mystères, et que l'ignorance des hommes est infinie, en quoi ces savants se montrent fort raisonnables; mais, ils croient découvrir partout l'unité d'un plan dont les détails surtout leur échappent, une coordination des moyens avec une fin à atteindre, en un mot, les traces d'une sagesse profonde et d'une souveraine bonté.

Ces divergences s'expliquent, non-seulement par des tournures d'esprit différentes, mais encore par des dispositions particulières de la sensibilité.

Les premiers accusent les seconds de céder à un sentiment religieux qui fausse la science, montre partout un dessein, une harmonie qui n'existe pas, et enlève ainsi, par le parti pris, à l'expérience tout ce qu'elle doit avoir de sérieux et de sûr, en mêlant inutilement la théologie à l'observation. Il serait facile de recueillir, à chaque page de leurs écrits, des sorties contre cette faiblesse d'esprit déplorable.

Les seconds pourraient reconnaître dans les premiers un dégoût outré, peut-être, de la routine, un dédain des vieilles idées et des sentiments qui nous y attachent; ils pourraient les accuser d'aspirer trop ouvertement au titre de génies indépendants, et de fiers penseurs, titre le plus fait pour flatter la vanité humaine, aspiration aussi capable de pousser au parti pris que le sentiment religieux.

C'est donc à nous, qui n'ambitionnons point la gloire de fonder un système, et qui sommes prévenus par les méprises d'autrui, c'est à nous d'aborder cette question sans idée préconçue, et de nous livrer tout entiers à l'impression que les faits peuvent produire sur nous.

Le souvenir de certaines objections qui nous reviennent en mémoire, nous engage à faire précéder notre discussion de la remarque suivante à laquelle nous attachons quelque importance.

Il faut toujours distinguer deux choses dans le monde physique, deux fins différentes, l'utile et le beau.

Tout ce qui, dans la nature, peut satisfaire les besoins de l'homme, de l'animal, de la plante, concourir à leur naissance, à leur conservation et à leur développement, je l'appellerai une chose *utile*. L'utilité est un rapport entre un besoin et la propriété qu'a un objet d'y répondre; la fin c'est donc le besoin, le moyen c'est la qualité utile de l'objet.

On peut donc, à ce point de vue, partager les choses de la nature en choses utiles et en choses qui ne le sont pas (je ne parle point des choses nuisibles). Or, parmi les choses utiles, il y en a qui sont simplement utiles, d'autres qui sont utiles et belles, d'autres qui sont belles seulement, car la nature ne recule pas devant *l'art* pour *l'art*. Or, donner à un objet la beauté, c'est bien poursuivre une fin, quand il y a, dans l'univers, un être si sensible aux délicates émotions de la beauté.

Une argumentation qui montrerait que telle ou telle chose n'est pas utile, et qui conclurait contre les causes finales, pécherait par trop de précipitation. Il resterait à se demander si cette chose n'éveille point en nous l'idée du beau, et si elle n'en remue pas le sentiment délicieux. Si cela se peut prouver, une fin a été atteinte, il faut en convenir, et il y avait un rapport naturel entre l'objet et mon âme.

On ne saurait reprocher à quelqu'un d'être de son temps; aussi nous ne pouvons oublier que nous assistons à un mouvement de la science peu favorable aux causes finales. Or, nous croyons que tous les moyens sont bons pour discréditer nos adversaires, même la tentative d'enlever à leur doctrine le mérite de la nouveauté; pour bien des esprits, c'est lui ravir son principal charme. C'est ce que nous essayerons de faire en montrant que leurs arguments, loin d'être *nouveaux*, sont, pour la plupart, *renouvelés*, et qu'ils ont des ancêtres parmi les philosophes grecs.

Leucippe, Démocrite, Empédocle, Épicure proscrivaient absolument les causes finales. Pour eux, point de création ; la matière est immortelle : point de naissance, point de mort ; il n'y a que des combinaisons fortuites, des transformations graduelles, résultats du jeu nécessaire des forces naturelles.

Empédocle enseignait que les mots : genre, espèce, race, ne désignaient rien de *fixe*, de *stable*, de *permanent*, mais qu'il y avait dans tout le règne animal un va-et-vient d'organismes différents, sans ordre ni raison. Ainsi, il y a eu jadis des *taureaux à visages humains*, des *oliviers portant des raisins*, etc. Pour en venir au point où elles en sont, les choses ont dû traverser un nombre infini de combinaisons possibles qui nous paraissent impossibles aujourd'hui. Les transformations sont trop lentes, notre vie trop courte, pour que nous puissions juger aujourd'hui de ces mouvements. C'est pourquoi, à cette heure, tout nous paraît fixe, immobile.

On remarquait encore, à cette époque, que si la pluie fait pousser le grain dans le sillon, elle le pourrit dans la grange, dans le cas où la grange a une toiture en mauvais état. La pluie n'est donc ni un *bien*, ni un *mal*, c'est un phénomène céleste que la météorologie a pour mission d'expliquer.

Toutes ces objections ne parvenaient pas à effrayer Aristote et à l'ébranler dans sa croyance aux causes finales. Il raillait ses adversaires et leur opposait sa science et son bon sens. Sa philosophie est pleine de cette croyance.

Il distinguait dans l'univers quatre espèces de causes :

1° La matière,
2° La forme,
3° La cause du mouvement,
4° La cause finale.

La matière est le principe commun à tous les êtres. La forme est le principe contraire, c'est le principe de l'individualité. C'est à la physique, à l'histoire naturelle d'étudier surtout ce qui rapproche et ce qui distingue les êtres, leur constitution intime et ce qu'ils ont de singulier, et, pour ainsi dire, d'extérieur.

Quant à la métaphysique, c'est la cause du mouvement et la cause finale qui l'occuperont.

Pour le principe du mouvement, c'est l'expérience qui d'abord nous y conduit; le principe de finalité, nous l'avons vu dans un chapitre spécial, c'est un principe constitutif de notre raison.

Si l'idée de finalité fait partie de notre raison au même titre que l'idée de cause, ou plutôt si ce ne sont, pour ainsi dire, que les deux faces d'une même idée, cette idée générale doit pouvoir s'appliquer au monde et répondre à quelque chose de réel dans la nature des êtres ou dans leurs rapports.

Les *positivistes* qui bannissent les causes finales de l'univers devraient pousser leur exclusion jusqu'au bout, et en proscrire l'idée de l'entendement humain. Tant que la conscience en constatera la présence en notre raison, on sera toujours en droit de se demander pourquoi elle y est, ce qu'elle y fait, à quoi elle répond, si les recherches auxquelles elle pousse l'esprit de l'homme sont insensées.

On a beau dire, c'est un reste de superstition de l'enfance; cette question du *pourquoi* est un cri de notre nature, émane d'un désir instinctif et irrésistible de connaître, et précède tout développement religieux de nos âmes. Vous prétendez que c'est pour faire à Dieu la part belle dans le monde que je vois partout des causes finales, et je pose cette question au moment où je n'ai encore aucune notion de Dieu, ou quand je ne m'en forme que des images grossières. D'ailleurs, cette idée de finalité, je l'applique aux œuvres de l'homme aussi souvent qu'à la nature, que je regarde comme l'œuvre de Dieu.

Laissons de côté cette curiosité que l'admiration peut égarer et séduire, et voyons d'un œil plus froid ce qui se passe dans l'existence de chacun de nous.

Notre vie est pleine de desseins que nous avons voulu mener à bonne fin, et, pour atteindre ce but, nous avons cherché les moyens les plus courts et les plus sûrs; que nous ayons réussi ou non, il n'est pas moins vrai que toute notre conduite a été dirigée par l'idée d'une cause finale.

La plupart de nos institutions politiques ou civiles, où la religion n'a pas à intervenir, nous montrent, d'une façon ou d'une autre, cette notion appliquée. Un crime a été commis; la justice a mis la main sur celui qu'elle croit le coupable. Elle examinera le fait en lui-même; elle se demandera si c'est bien *par celui* qu'elle détient que le crime a été commis; quelle *fin* il se proposait et quels *moyens* il a employés pour l'atteindre. Comment peut-on maintenant assigner à cette idée une fausse origine, et l'écarter à tout prix?

Si les positivistes chassent cette idée du monde matériel, elle se réfugiera dans l'entendement humain, où sa présence est inexplicable, si rien n'y répond au dehors; s'ils la chassent de la pensée pure, elle se réfugiera dans la vie de tous les jours, où elle s'impose et s'applique à chaque instant; ainsi, nature, esprit humain, vie civile, voilà les trois positions dont ils devront successivement s'emparer, s'ils veulent vaincre.

Aristote avait donc raison de regarder le principe de finalité comme un des plus importants et des plus féconds de la raison humaine. Cette importance, il ne s'est point contenté de la signaler d'une façon toute théorique, il en a fait les plus heureuses applications dans ses études de zoologie, comme nous le verrons plus loin.

Pour le moment, occupons-nous du règne inorganique.

Quand on ouvre un livre de physique, publié il y a trente ans, on trouve qu'il y a cinq agents par lesquels on explique tout ce qui se passe dans la nature : 1° l'attraction; 2° la chaleur; 3° le magnétisme; 4° l'électricité; 5° la lumière. Chacun de ces agents a son domaine propre, et produit des effets fort différents. Le monde est ainsi partagé entre cinq forces qui y règnent en souveraines et rivalisent d'influence.

Quels rapports imaginer entre ces cinq agents? La science doit arriver à la plus haute unité, c'est sa loi comme celle de l'art; elle doit substituer aux théories compliquées et obscures des explications de plus en plus simples; c'est le seul moyen de découvrir un plan dans l'univers, une conception digne de l'artisan.

Or, on a bien découvert des analogies entre ces diverses forces : le magnétisme, l'électricité, agissent, en certains cas, comme l'attraction; la balance de Coulomb est destinée à le constater. L'électricité produit de la lumière, ainsi que de la chaleur; chaleur et lumière ont même loi de réflexion. La lumière est une source de chaleur très-abondante; mais tout cela n'était qu'analogies, quand on a reconnu que l'action de ces agents était toute mécanique et qu'il n'y avait partout que des mouvements se *transformant* les uns dans les autres, suivant des rapports fixes, des mouvements *équivalents* les uns des autres.

Mouvements de quoi? On a imaginé une substance à laquelle on a donné le nom d'ETHER : on la suppose répandue dans tout l'univers; éminemment subtile et élastique, elle s'insinue dans les corps et les pénètre. C'est l'Ether qui est la cause des mouvements si divers que nous constatons dans la nature, et qui est destiné à remplacer les cinq agents dont nous avons parlé en commençant : leurs noms ne serviront plus qu'à marquer une variété d'effets, et non une pluralité de causes. Ainsi nous dirons avec un physicien moderne : « L'atome et le mouvement, voilà l'Univers (1). » Ainsi se découvre l'unité d'un plan dans le monde physique, et une diversité de fins obtenue par les moyens les plus simples.

Le passage de la matière brute à la matière organisée comment s'est-il opéré? Si les lois de cette dernière ne sont autre chose que celles de la première, comme le soutient la chimie allemande, la distinction entre chimie inorganique et la chimie organique n'est fondée que sur l'ignorance. Les éléments de la matière brute sont arrivés, par une suite de combinaisons et de transformations, à produire la vie, la vie du végétal d'abord, celle de l'animal ensuite. Cette hypothèse est loin d'être vérifiée, il en faut convenir, et le nombre des faits sur lesquels on s'appuie n'est pas suffisant pour nous inspirer une entière con-

---

(1) Saigey, *Physique moderne*, édition Germer Baillière, page 21.

fiance. Mais voici comment nous raisonnons, qu'elle soit, ou non, fondée.

Si elle est fondée, elle est une preuve de plus en faveur de l'unité du monde, et de la simplicité des moyens comparée aux fins si diverses qu'il faut atteindre; si, au contraire, il n'y a pas de génération spontanée, s'il y a eu création formelle pour les végétaux et les animaux, après la création du règne minéral, nous chercherons s'il n'y a pas dans la matière organique une *unité de composition*, qui trahit un plan, et une admirable appropriation des moyens à la fin.

Ainsi, y a-t-il des *genres* et des *espèces*, c'est-à-dire des types préexistant aux individus, et réalisés par eux ? Les uns disent *oui ;* les autres disent *non*.

Voyons les premiers, et commençons par les anciens.

Aristote enseigne que parmi tous les Types possibles la nature n'en a choisi qu'un *fort petit nombre*, et pas les premiers venus (1).

Avant d'être réalisés dans la matière, ces types existaient en Dieu, éternels et invisibles exemplaires ; c'est de là qu'ils ont passé dans le domaine des choses sensibles et changeantes, dans

---

(1) *De philosophiá zoologicá... Thèse* latine de M. Philibert, A. Durand, p. 73.

les individus qui seuls les représentent pour nous (1).

Il y a un lien entre ces structures si diverses, un progrès continu de l'animal le plus élémentaire à l'homme. L'homme semble le terme de ce magnifique et régulier développement (2).

Dans cette évolution insensible, les genres et les espèces conservent leur essence propre, de façon à ne pouvoir se transformer les uns dans les autres (3).

En étudiant attentivement les individus on voit qu'ils ont des organes parfaitement appropriés au milieu dans lequel ils vivent, et au genre de vie qu'ils y doivent mener (4).

Si dans cette étude nous rencontrons des êtres que nous ne pouvons expliquer par les principes précédents, qui semblent des exceptions à toutes les règles jusqu'ici connues, si nous rencontrons des *monstres*, en un mot, examinons-les de plus près, et nous verrons que leur monstruosité même rentre dans les lois de la nature, et nous serons convaincus qu'en elle il n'y a nul *hasard*, et que rien ne se fait contre ses lois (5).

(1) *De philosophiâ zoologicâ... Thèse* latine de M. Philibert, A. Durand, pag. 61.
(2) Id. pag. 45.
(3) Id. pag. 32.
(4) Id. pag. 35
(5) Id. pag. 49.

Pour les exemples et les raisons qu'Aristote fournit à l'appui de ces assertions nous renvoyons au consciencieux et savant travail que nous venons de citer.

Très-longtemps les sciences naturelles en sont restées, sur cette question, aux opinions d'Aristote : elles avaient pour elles l'Eglise ; c'était une bonne fortune.

Linné, dans sa *Philosophia botanica*, proclame l'immutabilité des espèces.

Buffon, Cuvier, Geoffroy Saint-Hilaire sont pour la stabilité de l'espèce : ce dernier, toutefois, ne l'admet que « sous la raison de l'état conditionnel du milieu ambiant. »

Lamark, partisan déclaré de la mutabilité des espèces, ne parvient pas à faire une révolution dans la science ; ses connaissances n'étaient pas assez étendues, ses arguments assez décisifs pour entraîner les esprits comme devait le faire plus tard Darwin.

C'est en 1859 que ce savant fournit aux doctrines de Lamark des faits nouveaux, expliqués d'une façon nouvelle. Tout le monde a rendu hommage à la science et à la sagacité du naturaliste anglais.

Plus ici de Types éternels et invisibles, reposant dans l'entendement de Dieu, le Bien souverain, comme l'enseignait Aristote. Dieu n'est pour rien dans la formation d'organismes si divers : tout s'explique par une *élection* ou *sélection naturelle* sans cesse à l'œuvre pour produire des formes nouvelles.

« L'élection naturelle travaille partout, et toujours insensiblement et en silence au perfectionnement de chaque être organisé...... nous ne voyons pas bien les lentes et progressives transformations qu'elle opère, jusqu'à ce que la main du temps les marque de son empreinte en mesurant le cours des âges (1). »

La nature a une puissance sélective *illimitée*, développant, modifiant, détruisant les êtres inutiles, améliorant ceux qui peuvent l'être. Elle choisit un sujet, un individu qui lui convient, qui a quelque chose de distinctif et de personnel, elle l'isole, elle en fait une souche. Ce caractère de choix se perpétue; la force vitale agissant concurremment avec le milieu, l'hygiène, l'éducation, et l'alimentation, une nouvelle espèce se fonde.

Une chose doit frapper ceux qui lisent le livre de Darwin : c'est le dessein profond que paraît accuser la Nature dans la création des espèces, l'intelligence et l'art merveilleux qu'elle déploie,

---

(1) Darwin, *De l'origine des espèces*, pag. 120.

l'esprit de suite qu'elle révèle, les moyens ingénieux qu'elle invente pour arriver à ses fins. Partout des difficultés dont elle triomphe, des conditions essentielles qu'elle remplit, la voie la plus courte et la plus sûre par laquelle elle parvient à son but. Que les espèces soient fixes, ou non, il a fallu un plan pour les former, et une grande connaissance des ressources dont on pouvait disposer. Ou la Nature docile obéissait à un Être supérieur qui lui traçait de point en point la marche qu'elle devait suivre aveuglément; ou cet Être supérieur avait déposé en elle assez d'intelligence, et lui avait accordé assez de liberté d'action pour qu'elle pût, d'elle-même, accomplir la grande œuvre à laquelle elle était appelée. Le naturaliste s'enferme, à dessein, sans doute, dans l'obscurité de phrases vagues comme celles-ci : « La main du temps marque de son empreinte..... le cours des âges..... etc., » de façon à ne point trahir sa pensée, toute sa pensée; mais on peut déclarer que la Théorie de Darwin, qu'elle soit vraie, ou fausse, n'est point un argument contre les causes finales.

Or, tout le monde sait qu'il a été fait de nombreuses et fortes objections contre cette *hypothèse*, car ce n'est pas autre chose (1).

(1) Voir pour les Naturalistes : Flourens, de Quatrefages, Er-

On prétend que, quelque étendues que soient les connaissances de Darwin, elles sont insuffisantes à confirmer son système, vu que les sciences naturelles sont trop bornées et trop imparfaites pour se prononcer pour ou contre : elles ne peuvent fournir des preuves satisfaisantes.

Aussi, à défaut d'arguments tirés de la nature même, l'auteur met sans cesse en avant l'œuvre de l'homme : mais la sélection artificielle a ses difficultés, ses limites, son impuissance; si Darwin trouve qu'il est juste de conclure de l'action de l'homme à celle de la nature, ne pourra-t-on pas déclarer que la sélection naturelle aussi a ses limites? La nature, répond-on, a plus de ressources que nous, et sa puissance est plus étendue.

Eh bien ! voici ce que nous constatons dans la nature : il s'y découvre assurément des variations dans les espèces, et des transformations importantes ; mais nous voyons aussi des formes constantes depuis les temps les plus reculés.

Ainsi, nous avons sous les yeux des espèces très-voisines, soumises à toutes les circonstances capables de produire la variabilité, qui sont néanmoins demeurées constantes. Je citerai entre autres l'âne et le cheval.

nest Faivre; et pour les Philosophes : Paul Janet. —Ad. Franck, *Philosophie* et *Religion*, pag. 393.

Enfin, et c'est là, ce me semble, une objection capitale : le passage d'une espèce à l'autre a dû se réaliser par transitions insensibles, graduées, à l'aide de *formes intermédiaires;* le naturaliste anglais l'affirme; mais dans sa doctrine c'est un *postulatum* qui la compromet. Jamais on n'a trouvé dans le passé, et on ne peut découvrir dans le présent un seul exemple de ces formes intermédiaires.

Au lieu d'avoir affaire à un système aussi savant et aussi ingénieux, les partisans des causes finales ont quelquefois à essuyer des dédains, des railleries et des boutades qui tiennent lieu de raisons. Pour Moleschott, nous en sommes au point où en était l'esprit humain, quand on expliquait l'ascension des liquides dans les corps de pompe par l'horreur de la nature pour le vide. « Combien de fois, s'écrie-t-il, faudra-t-il raconter encore l'histoire de Galilée faisant élever l'eau dans un espace vide d'air, afin de le combler, avant de faire disparaître de la science ces *idées téléologiques*, et les fausses classifications qu'elles traînent à leur suite (1) ? »

Le livre qui renferme ce mouvement de mauvaise humeur mal dissimulée, s'ouvre ainsi :

« Georges Sand raconte dans un de ses plus

---

(1) *Circulation de la vie*, t. II, pag. 15, édit. Germer Baillière.

beaux romans (*le Péché de M. Antoine*) que les bouviers connaissent une manière de dormir en plein air, en dépit de la fraîcheur de la nuit. Un bœuf est commodément couché dans une prairie; on le fait lever, et l'on se met à sa place; si, après quelque temps, on sent le froid et l'humidité, on n'a qu'à déplacer un autre bœuf. L'endroit sur lequel cette bête s'est reposée pendant quelques heures est toujours parfaitement sec, et possède une chaleur agréable et saine. »

« C'est ainsi qu'on fait, dans les froides matinées de l'hiver, l'*application vulgaire d'un principe scientifique,* à savoir qu'il y a dans l'intérieur de l'animal une source de chaleur, qui, dans de larges limites, reste indépendante des milieux ambiants. »

Ainsi, il y a dans la nature des *lois* qui coordonnent les phénomènes, et en chacune de ces lois un nombre indéterminé d'applications possibles aux besoins de l'homme. Ces applications sont virtuelles, c'est nous qui les faisons passer de la puissance à l'acte. Mais les découvrir ce n'est pas les créer. Les lois, vous en convenez, nous ne les faisons pas, nous les constatons : il me semble que c'est précisément ce qui se passe au sujet des applications possibles. Nous avons des faits naturels concourant d'un côté à l'harmonie universelle du monde, voilà une de leurs fins; et, de l'autre, contribuant au bien-être de l'humanité. Je ne vois là rien de contraire à la théorie des causes finales. De ce qu'une même chose peut servir à deux fins différentes s'ensuit-il qu'elle n'en ait aucune? La logique serait au moins singulière. Parce que l'esprit humain devine une de ces fins, celle qui le touche et l'intéresse tout particulièrement, faut-il en conclure que ce qu'il trouve n'était point dans les choses? Ce serait encore là un étrange raisonnement! La Nature, Dieu, comme vous voudrez, en disposant tout dans l'univers avec cet ordre et cette mesure dont la science a le secret, pouvait bien tenir en réserve certaines choses qui devaient satisfaire les besoins de l'homme, assuré qu'en lui donnant l'intelligence il lui donnait, du même coup, le moyen de les découvrir. Il y avait un rapport préordonné entre cette intelligence et ce qu'elle devait trouver dans la nature d'agréable ou d'utile.

C'est précisément là ce que Büchner ne veut pas, ce contre quoi il proteste dans un chapitre entier consacré aux causes finales. Il est intitulé: Destinée des êtres dans la Nature. Il y combat ce qu'il appelle la téléologie, et déclare que *parler de conformité au but*, c'est, suivant une expression qu'il emprunte à Kant, admirer un miracle que notre esprit a créé lui-même.

J'omets une foule de fantaisies ou de vieilles difficultés que ce naturaliste-médecin met en avant pour nous débarrasser du préjugé des causes finales, comme par exemple cette étrange assertion : les organes ne sont pas prédestinés aux milieux dans lesquels l'animal est obligé de vivre, mais ces organes naissent et se développent dans les milieux, avec le temps, parce que le besoin de formes spéciales pour l'organe se fait sentir à l'être qui y doit vivre.

Ainsi, la disposition particulière des membres antérieurs de la taupe, disposition qui les rend presque semblables à des mains, se produit à la longue, à force de remuer la terre. Passons en revue chacune des classes d'animaux, et nous verrons qu'il en a toujours été ainsi: donc point d'appropriation préordonnée des moyens et des organes au genre de vie, pas de causes finales, en un mot.

Il est inutile d'indiquer tout ce qu'il y a de peu scientifique dans cette étude de la nature, ou plutôt dans ces assertions toutes gratuites. C'est de la nouveauté naïve qui compte plus sur l'ignorance des lecteurs, que sur la valeur de ses arguments. Après le sérieux, si l'on peut appeler sérieuse cette théorie, le bouffon. Les boutades ne réussissent pas mieux à M. Büchner que les explications scientifiques.

« Les acéphales, dit-il, naissent avec un cerveau rudimentaire. *Ces misérables créatures, qui sont une protestation éclatante contre la théorie des causes finales*, sont incapables de toute activité et de tout développement intellectuel, et meurent bientôt ; car ils sont privés de l'organe essentiel à l'existence et à la pensée de l'homme (1). » *In caudá venenum*, le trait est dans ce rapprochement inattendu de l'acéphale et de l'homme : rien n'empêche un savant de manier les armes de la rhétorique. Or pour résoudre la difficulté je m'adresse à la science, la science simple et sans prétention. Je jette un coup d'œil sur la classification du règne animal ; je la parcours en allant des *mammifères* aux *spongiaires*, et je trouve les acéphales placés parmi les mollusques, entre les gastéropodes et les tuniciers. Je cherche quels sont les caractères de cette classe, et je remarque qu'ils forment une transition entre la classe supérieure et la classe immédiatement inférieure, une gradation, une nuance. Leur existence s'explique donc par des raisons d'ordre et d'harmonie qui me rappellent cette belle maxime de Leibniz : *non est saltus in naturá.*

(1) Edition Germer Baillière, pag. 113.

Si maintenant j'abandonne la science, pour chercher le côté pratique de cette question, je trouve que les noms vulgaires de l'acéphale sont ceux d'*huîtres* et de *moules ;* je songe aux services que ces animaux rendent à l'homme en en variant l'alimentation, et en lui fournissant un des plus ravissants ornements de sa toilette (les huîtres perlières), et je me demande comment cette pauvre bête est une éclatante protestation contre les causes finales.

Le naturalisme allemand a franchi le Rhin, et a trouvé en France de savants interprètes. Voici le langage que nous tient un de ses plus fervents sectateurs : « Quelle est la valeur de l'œil comme instrument d'optique, et comme instrument physiologique, c'est-à-dire comme récepteur d'impressions ? Cette question paraîtra singulière à ceux qui *habitués à tout considérer au point de vue des causes finales*, se persuadent que l'œil humain est tout simplement parfait. Il faut rabattre un peu de cet enthousiasme, quand on étudie la structure de l'œil humain dans les savants traités de la physique, de la physiologie, et de l'oculistique modernes. L'esprit imagine aisément quelque chose qui ait mêmes qualités sans avoir mêmes défauts.

« S'il faut cnofesser que l'organe est loin d'être

parfait, il faut avouer que l'emploi que nous en faisons est surprenant... La critique des sens ne ravale donc les organes que pour mieux faire ressortir l'indépendance et les ressources admirables de l'esprit, de cette *force secrète* qui reçoit les impressions, qui les interprète, les élabore, et les *plie aux fins qu'elle se propose* (1). »

Si, parmi les personnes qui croient aux causes finales, il y en a qui s'imaginent que tout est parfait, je ne saurais le dire ; ce que je puis affirmer c'est que je n'en suis pas, aimant me ranger à cette vieille maxime, qui n'en est pas moins vraie, pour être vieille : il n'y a rien de parfait en ce monde. De la part d'un adversaire des causes finales passer au compte de ceux qui les admettent une exagération et une erreur, cela est habile ; rendre ridicule leur enthousiasme, c'est les achever. Mais on peut esquiver leurs coups en déclarant qu'on n'a point une admiration niaise pour une perfection impossible.

On peut aisément trouver quelque chose de plus parfait que l'œil, nous dit-on, et cet idéal qu'on lui oppose, savez-vous quel il est ? c'est la chambre noire. Étrange raisonnement ! La chambre noire a une fin ; l'œil en a une autre, ce me

---

(1) Revue des Deux-Mondes, 1er octobre 1868, *L'OEil et la Vision*, par A. Laugel.

semble ; et chacun de ces objets a les moyens nécessaires et différents d'atteindre sa fin : pourquoi vouloir critiquer un de ces instruments en lui opposant l'autre? Est-ce bien logique? Je ne vois rien dans tout cela qui condamne les causes finales, je serais plutôt tenté d'en tirer une conclusion contraire.

Au reste, M. Laugel n'est pas un adversaire acharné; il est de bonne composition, et les concessions qu'il fait sont des preuves de la plus haute impartialité. Ainsi, l'œil considéré comme instrument d'optique a des défauts, mais comme organe des sens, c'est autre chose : il y a dans l'homme quelque force secrète qui annule tous ces défauts, au point qu'on regretterait peut-être qu'ils n'y fussent pas, une force secrète qui *plie* les impressions, que l'œil reçoit, *aux fins qu'elle se propose*. Ainsi les imperfections disparaissent dès que l'intelligence humaine se montre capable d'obvier à tous les inconvénients qu'elles entraînent, et elles cessent d'être un argument contre la théorie que nous essayons d'établir.

Je sais qu'on me répondra : c'est l'esprit de l'homme ici qui crée la merveille qu'il admire; il n'y a rien dans ces faits à la louange de Dieu. Remarquez que toutes ces opérations, dont parle l'auteur, que nous avons cité, sont instinctives et inconscientes, c'est-à-dire que l'âme agit sans savoir ce qu'elle fait, et comment elle le fait : ne pourrait-il pas y avoir un être, supérieur à l'homme, qui savait pour lui ce qu'il fallait faire, et comment il le fallait, et qui prédestinait cet œil, si imparfait, au service d'une intelligence capable de tout redresser, tout corriger, tout parfaire? Pour nous, qui croyons avoir établi, dans les précédents chapitres, l'existence de Dieu, nous trouvons cette explication toute simple et toute naturelle.

Dans tout ce que nous avons dit jusqu'ici, à propos des causes finales, c'est la cause de la sagesse et de la prévoyance divines que nous avons essayé de gagner devant des esprits prévenus ; mais les objections les plus fortes qui ont été faites à cette théorie, sont dirigées contre la bonté de Dieu.

On dit : assurément il y a pour l'homme quelques plaisirs sur cette terre, et les biens dont il peut jouir sont assez nombreux ; mais combien plus nombreux sont les maux qui l'assiégent, l'atteignent, ou le menacent ! Pourquoi Dieu a-t-il laissé son œuvre incomplète? Quelle imprévoyance éclate aux regards de celui qui examine avec attention toute chose! Il y a quelques marques de bonté qui accusent les causes finales;

mais que ce domaine est restreint! Partout ailleurs il n'y a que désordre, hasard et fatalité.

Ce raisonnement part évidemment de ce principe que tout, dans les causes finales, doit trahir la bonté de celui qui les a placées dans la nature. La Providence ne peut se révéler à l'homme que par des prévenances et des caresses, se figure-t-on. Mais remarquez que les mots : *causes finales*, n'impliquent aucunement cette idée de bienveillance exclusive ; qu'en second lieu l'expression Providence, ou Dieu, suppose autre chose que la bonté. En même temps que la bonté il y a, en Dieu, la justice ; et la justice, pour se manifester aux hommes, a besoin d'autres moyens que la bonté: ainsi, autre fin, autres moyens ; voilà ce que nous devons trouver dans l'administration de l'univers. Tout gouvernement, quel qu'il soit, doit donner une sanction au mérite et au démérite, doit posséder un système de peines et de récompenses. Il faut donc qu'il existe, dans le monde, une série de phénomènes dont la fin est de punir l'homme de ses fautes en une certaine mesure. Tout ce qui est maux physiques, souffrances corporelles peut donc être considéré comme moyens d'atteindre une fin, la satisfaction de la justice divine, et l'amélioration de celui qui satisfait, ou expie. De sorte qu'au lieu de voir, dans les désordres apparents de la nature, une négation des causes finales, il faut en voir de nouvelles, et en doubler le nombre.

Enfin, en développant une opinion d'Aristote, nous avons montré que le monde moral est la fin de l'univers matériel, parce que la nature humaine est de beaucoup supérieure à la nature physique, par la raison qu'en donne Pascal, en cette phrase si connue : « Quand l'univers l'écraserait, l'homme serait plus noble que ce qui le tue.... »

S'il en est ainsi, ne peut-il pas se faire qu'il se passe dans le monde matériel une infinité de choses qui ne s'expliquent que par des nécessités de l'ordre moral ? Et, comme aucune métaphysique ne peut se vanter d'écarter tous les mystères qui enveloppent l'opération divine, la bonne logique doit consister à reconnaître le mystère où il est, et à n'en pas voir où il n'y en a pas.

CHAPITRE XII.

LA PROVIDENCE DANS LE MONDE MORAL.

I. L'individu. — Nous avons vu que dans l'univers matériel l'intervention de Dieu est toujours possible, mais jamais nécessaire ; qu'il a donné, à titre de prêt, à tous les objets, ou individus du monde physique, une existence d'une durée limitée, suivant leur nature ; que cet être d'emprunt, subordonné à mille conditions extérieures, se développe et agit en vertu d'un principe de vie qui est en lui, et dont tous les effets, préordonnés par la Providence, doivent se combiner avec les effets des autres causes, de façon à concourir à l'ordre universel : partout nous avons vu des fins diverses, et les moyens les plus simples pour les atteindre.

L'homme, par son corps, fait partie de cet ensemble de causes aveugles, qui, reliées entre elles par des lois de pure convenance, obéissent à des prescriptions dont elles n'ont pas l'intelligence, et auxquelles elles n'ont pas la liberté de se soustraire. Si tout ce qui le constitue rentre dans ce vaste système de forces, et subit les mêmes lois, la question de la Providence, en ce qui le concerne, est déjà résolue; tout ce que nous avons dit, dans le chapitre précédent, s'applique à lui. S'il y a en lui quelque chose qui ne dépende pas de la matière, qui soit régi par d'autres lois, la question de la Providence prend une face nouvelle, et l'on peut se demander ce qu'elle a fait pour cet être privilégié, ce qu'elle a fait, et ce qu'elle fait encore pour sa double nature.

L'homme, pour être et pour durer, est dans une dépendance presque absolue de tout ce qui l'entoure. Au point de vue physique, il doit sa vie aux différents règnes avec lesquels il lui faut être en relations continuelles pour se nourrir. Sa santé, sa force, sa vigueur dépendent du choix et de la quantité des aliments qu'il s'assimile. L'exercice, le bon air facilitent la nutrition, mais n'y suppléent pas. Il ne peut donc ni s'isoler de la nature, ni cesser d'en dépendre.

Son ignorance des lois du monde physique le met souvent aussi en présence de forces à l'action fatale desquelles il ne peut se soustraire et dont il est plus d'une fois victime. La Providence devait donc placer auprès de l'enfant des aliments tout préparés; car la nature ne vient pas à nous, c'est nous qui sommes obligés d'aller à elle; elle devait y placer, en outre, des individus dont l'expérience et la raison obvieraient à notre inexpérience et suppléeraient à ce qui nous manque de raison. Ce milieu, indispensable à la double existence physique et spirituelle de l'individu, c'est la famille. Grâce aux secours de toutes sortes qu'il y trouve, il apprend *à se conduire avec intelligence* au milieu des forces aveugles qui l'environnent, il discerne et choisit ses moyens : il sent qu'il peut s'abandonner, ou se protéger : il se reconnaît libre, intelligent : il pense, il réfléchit, il invente ; il prend des résolutions, il aime, il déteste. Dès ce moment il se distingue de ce système de forces qu'on appelle *agents physiques*. Il voit bien que la matière n'est pour rien dans ces derniers phénomènes que nous venons de nommer ; que c'est de lui qu'ils relèvent, et que s'il dépend de celle-ci, il n'en dépend pas tout entier.

En rentrant en lui-même, il a conscience : 1° de ce que l'univers fait en lui; 2° de ce qu'il n'y fait pas; 3° des effets qu'il y produit lui-même.

Pour Leibniz les choses ne sont pas aussi nettes; il se pourrait bien que la force que nous sommes ne dût pas se distinguer des forces de la nature. Aussi a-t-il écrit cette phrase étrange : « Donnez à une aiguille aimantée la *conscience* de ses mouvements, elle pourra croire qu'ils dépendent d'elle-même. »

L'inventeur de l'*harmonie préétablie* pouvait se faire cette singulière illusion : la théorie que nous venons de nommer est assez compromettante pour la liberté humaine, pour qu'une phrase comme celle que nous venons de citer n'ait rien qui nous étonne. Mais en y regardant de près, elle annonce l'idée fausse que Leibniz se faisait de la conscience. Pour elle, pas d'illusion, pas de méprise, ou elle n'est plus. Conscience veut dire *sentiment, connaissance* de ce qui se passe en notre âme, et de la façon dont les choses se passent. Faisons-nous effort pour trouver un problème, prenons-nous une résolution, voulons-nous remuer un membre, un corps placé à notre portée, la conscience nous dit tout cela. Aimons-nous telle personne, détestons-nous telle autre, la conscience nous le dit encore, et l'expérience nous enseigne que nous pouvons peu à peu éteindre cet amour mal placé, et la raison, que nous devons traiter charitablement cette personne pour laquelle nous ne sentons que de la haine. Quand, au lieu d'obéir à la raison nous cédons à une passion, à nos yeux trop violente, la conscience constate cet entraînement, et nous le montre autre que les actes d'une parfaite liberté.

Elles sont donc fidèles les dépositions de la conscience; elle distingue donc en nous ce qui est par nous, et ce qui est sans nous. Donc, si l'aiguille aimantée avait une vraie conscience, une conscience comme la nôtre, cette conscience lui dirait : tous les mouvements qui se passent en toi ont une cause hors de toi, à l'action de laquelle tu ne peux résister; c'est un courant magnétique qui circule en toi et te donne cette invariable direction. Voilà, ce nous semble, le langage très-simple et très-net que tiendrait la conscience de l'aiguille aimantée. Ainsi, l'ingénieuse comparaison du philosophe allemand n'a rien qui doive nous donner le moindre scrupule et faire naître l'ombre d'un doute sur l'autorité de ce moyen de connaître. Nous pouvons être certains que la meilleure partie de nous-mêmes n'appartient pas au monde physique; qu'en ce point la conscience ne peut nous tromper; que la plupart des mouvements qu'elle signale en nous viennent bien de nous; en un mot, que notre liberté est assurée.

Si l'homme est libre, comment peut s'exercer l'action de Dieu sur son âme, sans que cette liberté périsse? La Providence joue-t-elle, dans le monde moral, le même rôle que dans le monde physique? Voilà les questions que nous avons à examiner.

Avant de discuter l'objection de Leibniz nous avons parlé de la famille comme du milieu le plus favorable à la conservation et au développement de l'individu. Ce que nous disions au point de vue du corps est également vrai de l'âme. Une intelligence d'enfant séparée, isolée de toute autre intelligence, ne trouverait point en elle les ressources nécessaires à une vie véritable ; elle ne serait jamais qu'une intelligence d'*idiot*, dans le sens précis du mot grec.

Les propos de ceux qui entourent l'enfant ne lui fournissent pas les idées, mais la matière des jugements ; celui-ci ne se contente pas de tout répéter, comme un perroquet, ainsi qu'on le dit en le calomniant ; il crée, il invente une langue à son usage que les parents lui empruntent quelquefois pour se mieux faire comprendre. La présence d'êtres semblables à lui et une vie commune avec eux, double donc les forces intellectuelles de l'enfant.

On cite, souvent sans les bien entendre, ces mots connus : Dis-moi qui tu fréquentes, je te dirai qui tu es. On pense que cela veut dire qu'il est aisé de deviner les goûts, les penchants, les opinions de quelqu'un en connaissant sa compagnie habituelle et préférée. Cette perspicacité est fort louable, j'en conviens ; mais je vois un autre sens à ce proverbe, surtout quand il s'applique à une nature qui n'est point encore formée. L'enfant reçoit de ses parents non-seulement la vie physique, mais encore la vie intellectuelle et morale; il se pénètre de leurs principes et aussi de leurs préjugés, et leurs exemples sollicitent sans cesse sa volonté à une imitation presque servile. C'est ainsi que je comprends la maxime que je viens de citer.

A l'empire de la famille succède souvent l'empire des livres. La lecture est une vraie nourriture pour l'esprit : on connaît cette longue comparaison que Sénèque (*Ep.* II) établit entre celui-ci et l'estomac, entre les aliments et les idées que nous tenons des auteurs. Il en est auxquels il faut s'attacher pour s'en nourrir : *Certis ingeniis immorari et innutriri oportet.* Tout cela peut passer pour jeux de mots et métaphores. S'il ne faut point rechercher celles-ci outre mesure, il ne faut point les repousser avec une obstination irréfléchie. *Se nourrir* ne veut point dire augmenter le volume de son corps, mais bien plutôt la vigueur et la souplesse de ses muscles; c'est accroître une force quelconque par l'assimilation d'éléments qui lui conviennent. Or, c'est précisément là ce qui a lieu au sujet de l'esprit. On sait combien la lecture est nécessaire à qui ne veut pas voir son intelligence développée juste assez pour répondre aux exigences de ses besoins et de ses intérêts. On peut remarquer que la trempe de l'esprit répond le plus souvent à la nature des auteurs en société desquels on aime le plus à vivre. Ainsi : qualité des aliments spirituels, et, en second lieu, puissance d'assimilation ; voilà deux choses qui expliquent la nature de chaque intelligence. Cette dernière nous relève un peu de la dépendance où nous sommes du milieu dans lequel il nous faut vivre, pour rester dans des conditions normales d'existence. L'exercice de l'intelligence, appliquée à un objet déterminé, s'appelle méditation. Ce terme, traduction exacte du mot latin *meditatio*, dérivation du mot grec μελετάω, exprimait d'abord les mouvements du corps faits pour acquérir force et agilité, puis l'acte de la pensée embrassant un sujet dont elle veut se rendre maîtresse. Cicéron, dans ses Tusculanes (II, 17), applique le mot *meditatio* aux exercices corporels tendant à donner à l'âme et au corps une certaine énergie d'insensibilité, et, dans le *De oratore* (I, 61), le verbe *meditari*, aux efforts que faisait Démosthène pour prononcer distinctement. La méditation, au sens moral, produit sur l'esprit des effets analogues. Voilà pourquoi certaines religions la recommandent si vivement à leurs fidèles. Or, parmi nos idées il en est, nous l'avons vu, d'un caractère particulier, je veux dire les idées d'infini, d'éternel, de parfait, d'absolu. Ces idées, mêlées à toutes nos autres idées, les complètent et les éclairent, et, sans prétendre que nous voyions tout en elles, ce qui serait parler comme Malebranche ; sans osutenir que nous voyons tout sans elles, ce qui serait aller contre l'expérience, nous pouvons affirmer que nous voyons beaucoup par elles. Quand notre pensée, sans porter exclusivement sur l'objet et la cause de ces idées, leur réserve pourtant une large place, elle en retire une élévation de vue dont elle serait incapable, si elle les oubliait tout à fait.

Lorsque, par la force de ses désirs, et l'énergie de la volonté, l'âme s'établit dans ce monde des idées, dans ce monde intelligible, la vie spirituelle offre alors un caractère nouveau, elle est à son expression la plus haute ; elle devient insensible à ce qui passe, ce qui naît et meurt pour ne plus s'attacher qu'à ce qui ne passe pas, à ce qui ne meurt point. L'action de Dieu est ici visible ; rien d'étonnant : la raison est le seul endroit par lequel notre âme soit accessible à cette influence : de plus, il n'y a rien que de très-naturel dans cette communication de deux substances régies par les mêmes lois. Cette action providentielle porte le nom de *grâce* dans la Théologie; le poëte l'appelle inspiration, et le peuple, bonne pensée, bon mouvement.

L'intelligence n'est point seule à en ressentir les effets, la sensibilité en a le contre-coup.

Quand nous agissons conformément aux préceptes de la raison, nous éprouvons ce qu'on appelle les joies de la conscience, singulièrement amoindries par les scrupules infinis d'une âme timorée; quand nous nous plaçons en dehors de l'ordre universel par une mauvaise action, nous ressentons des tourments vifs et cuisants qui nous poussent à rentrer dans l'ordre par le repentir et l'expiation. Dans toutes les inventions de la poésie, pour représenter la puissance du remords, il ne faut pas voir de purs jeux de l'imagination. Cette tendance de tous les esprits à placer au dehors une divinité vengeresse, à en faire quelque chose d'impersonnel, ou d'extérieur à nous, montre bien l'idée qu'ils se font de la loi morale, et de la sanction intime qu'elle reçoit. On ne peut croire qu'on se traiterait si durement à la moindre faute, si l'on faisait soi-même la loi, si l'on était chargé de se l'appliquer, et de mesurer la peine à la violation. On sent que l'indulgence serait toujours le parti préféré par celui qui se trouverait à la fois le juge et l'accusé. Et, comme en ce cas, nous sentons une invincible violence faite à notre âme, nous pensons que Dieu seul en peut être l'auteur. Notez que notre liberté, dont les priviléges semblent ici méconnus, dans son intérêt, finit toujours par reprendre ses droits, si elle le veut, en étouffant le remords. Toutes les puissances de notre âme lui obéiront, en ce cas, et mettront à son service l'une ses sophismes les mieux formés, l'autre ses voluptés les plus séduisantes.

Voilà une explication de la douleur; mais toute douleur n'est pas une expiation. On a beau dire : l'homme est toujours assez misérable pour mériter la colère céleste, je ne donnerai jamais dans ces raisons, et j'ai en mémoire une foule de cas où l'application de cette doctrine dure, janséniste, me paraîtrait la chose la plus révoltante du monde.

Donc il faut y voir un autre motif et une autre fin, si l'on ne veut point la prendre pour une objection sérieuse contre la divine Providence. Je ne parle point ici, bien entendu, de ces langueurs sentimentales qui naissent dans certaines âmes affadies par une imagination déréglée : il y a une préciosité du cœur, comme il y a une préciosité de l'esprit; cette sensiblerie chatouilleuse et surmenée, étant l'œuvre de l'homme, ne peut être imputée à Dieu. Je parle de chagrins profonds, de douleurs franches et sincères que l'on rencontre quelquefois dans la vie, dans la vie de famille surtout. En observant ce qui se passe, dans ces circonstances, nous découvrirons peut-être ce qu'elles peuvent avoir de salutaire.

L'homme, à ce moment de l'épreuve, reconnaît en lui des ressources d'énergie, de constance et de fermeté qu'il n'aurait jamais soupçonnées. La douleur abat ces mensonges de grandeur factice et de mérite surfait que l'imagination invente pour nous rehausser à nos propres yeux, nous dépouille de notre égoïsme, dépose notre orgueil, et nous place en face de la réalité; elle nous fait mieux comprendre la fragilité de la condition humaine et pour nous et pour les autres, de sorte que nous nous rapprochons de nos semblables avec une tendresse vraiment humble et désintéressée.

L'homme qui n'a pas souffert, est nécessairement incomplet; il ne se connaît pas, il ne connaît pas les autres hommes, et traîne, jusqu'à la fin, une vie inutile à lui-même et à ceux qui l'entourent. Tandis que le souvenir de la douleur nous accompagne jusqu'au terme de notre existence en y répandant je ne sais quel charme et quelle dignité que le bonheur et le succès ne sauraient jamais lui donner. En songeant à ce que nous avons déployé de raison et de volonté pour tenir tête à l'orage, nous nous sentons meilleurs : ce que nous avons pu nous répond de ce que nous pourrons encore. En jetant un regard sur ce qui nous reste à vivre, nous ne sommes plus en proie à ces craintes, pleines d'agitation, que nous pouvions éprouver en présence de l'inconnu. Cette souffrance nous n'allons pas au-devant d'elle, ce serait une forfanterie ridicule ; mais nous l'attendons sans trembler. Cette confiance en nous, cette estime de nous-mêmes que nous devons à la douleur fièrement supportée, est la seule légitime parce qu'elle n'a rien de commun avec l'orgueil. Si l'on rencontre dans le monde une âme grossière, brutale, blessant à chaque instant faute de tact, dites qu'il y a là un esprit faux, ou un être qui n'a pas connu la douleur. Celui, au contraire, qui a été éprouvé par elle, arrive à des délicatesses infinies, poussées jusqu'au raffinement, mais à un raffinement qui s'arrête où il cesserait d'être du naturel.

Si l'être ne nous a été donné que pour que nous en tirions le meilleur parti possible, c'est-à-dire que pour la perfection ; si la douleur produit de si merveilleux effets dans nos âmes ; si, mieux que toutes les joies possibles, elle nous donne la science de la vie, et le secret de la perfection, il me semble que Dieu n'a pas besoin d'être justifié quand il choisit quelques âmes pour les conduire par les voies mystérieuses de la souffrance vers la fin assignée à l'humanité.

Après tout, si tout ne s'explique pas ainsi dans cette existence, c'est à une autre qu'il faut demander le mot de l'énigme. La fin de la vie humaine, c'est la perfection ; si cette perfection ne peut être assurée en ce monde, c'est que cette vie, suivant la maxime des anciens, ne doit être regardée que comme une préparation à la mort, et qu'au delà seulement l'homme trouvera ce qu'il cherche ici de toutes ses forces : la stabilité dans le bonheur et la vertu. Ces deux choses que les Stoïciens voulaient absolument unir en ce monde, sentant très-bien qu'elles étaient faites l'une pour l'autre, prouvent, par leur séparation ici-bas, que l'état où nous sommes est transitoire et imparfait. Si l'expérience nous dit : l'homme de bien n'est point nécessairement heureux ; quand il est heureux il ne l'est jamais autant qu'il le mérite ; quelquefois il est très-malheureux ; si, d'un autre côté, la raison est invincible quand elle affirme que bonheur et vertu sont choses inséparables, il ne faut point combattre l'expérience par la raison, mais les concilier dans cette seule conclusion légitime : Il y a une autre vie où notre nature s'achève, où se rapproche ce qui est désuni en ce monde, où la Providence continue et parfait son œuvre.

II. La société. L'individu a une destinée; cette destinée il ne peut la remplir que dans la société et par la société. La société a donc pour mission de favoriser le développement de l'individu, et de lui fournir tous les moyens d'arriver à la perfection. Pour nous offrir tous ces avantages, elle doit reposer sur certaines conditions essentielles à un être collectif de cette nature, sur l'ordre et la liberté. L'ordre, ou l'unité, c'est l'idée ou la force qui le produit, mais l'idée plus que la force. C'est aux époques où l'idée triomphe que la civilisation est la plus parfaite; quand la force intervient elle ne produit qu'une unité factice, que la liberté ne tarde pas à briser, quelquefois sans souci de l'ordre.

On distingue, à l'origine de l'humanité, trois espèces d'idées, fonds commun, sur lequel ont vécu sans doute les premiers hommes : les idées religieuses, les idées artistiques ou littéraires et les idées scientifiques. C'est par l'idée religieuse que Dieu mène l'humanité, en suscitant des hommes inspirés qui reçoivent de lui des lumières plus abondantes et un don surnaturel de persuasion. Dans la vie des peuples primitifs on explique bien plus de choses par le sentiment religieux que par les arts encore informes, ou par la science, amas incohérent d'expériences grossières qui tournent presque aussitôt en routine.

L'histoire reconnaît qu'il y a eu plusieurs centres de civilisation, séparés, isolés les uns des autres, inconnus les uns aux autres, où, suivant le climat, la configuration du sol, les circonstances, se sont développées, d'une façon singulière, les différentes qualités ou aptitudes dont l'espèce humaine a été douée par la nature. On voit pourquoi ce morcellement de l'humanité valait mieux qu'une extension de proche en proche sur la contrée où avaient apparu les premiers hommes. Quand ces membres épars de la race humaine ont fini, par se rejoindre chacun a mis en commun tout ce qu'il avait amassé d'idées et d'inventions, les plus riches donnant aux plus pauvres, les plus avancés à ceux qui étaient restés en retard. De tous ces peuples celui qui a laissé le plus brillant souvenir parce qu'il s'est placé plus particulièrement sous l'empire de l'idée, parce qu'il a su allier l'ordre à la liberté, c'est le peuple grec.

« Ce que fit la philosophie pour conserver l'état de la Grèce n'est pas croyable. Plus ces peuples étaient libres, plus il était nécessaire d'y établir par de bonnes raisons les règles des mœurs et celles de la société. Pythagore, Thalès, Anaxagore, Socrate, Archytas, Platon, Xénophon, Aristote et une infinité d'autres, remplirent la Grèce de ces beaux préceptes.... La maxime la plus commune des philosophes était ou qu'il fallait se retirer des affaires, ou n'y regarder que le bien public... »

« ... Homère et tant d'autres poëtes dont les ouvrages ne sont pas moins graves qu'ils sont agréables, ne célèbrent que les arts utiles à la vie humaine, ne respirent que le bien public, la patrie, la société et cette admirable civilité que nous avons expliquée (1). »

Cette civilisation si délicate et si raffinée devait passer d'Athènes à Alexandrie, où elle allait rencontrer le courant des idées orientales auquel elle s'est mêlée pour s'y confondre. Ce qu'il y avait de plus parfait dans sa littérature et dans ses arts restait en réserve pour faire l'éducation des peuples modernes.

D'ailleurs, au moment où nous sommes, les Romains envahissent tout, apportant avec eux un élément nouveau, un esprit nouveau. Les barbares ne tardent pas à les suivre, et le Christia-

---

(1) Bossuet, *Les Empires*, partie IIIe, c. 5.

nisme, c'est-à-dire le représentant de l'Idée, vient pour amortir le choc entre le nouveau et l'ancien monde. C'est à cette œuvre que Paul Orose et saint Augustin reconnaissent l'action de la Providence. Les Romains ont partout ouvert les voies à la religion nouvelle, et, bien qu'ils aient maintes fois abusé de la force pour fonder l'unité factice de leur empire, ils ont servi la cause de la vérité et de la justice. Leur *Droit* est resté comme un monument impérissable de leur bon sens pratique et de leur philosophie.

L'entreprise d'un empire immense, embrassant tout le monde connu des anciens avait échoué; la société est en proie à un morcellement sans fin. Alors se forment une foule de petits États ayant chacun des us, coutumes, lois; son horizon est étroit et borné comme les esprits de l'époque. La force et la violence sont partout combattues sans beaucoup de succès par l'Idée, ou la Religion, qui forme le seul lien entre toutes ces principautés, qui crée la seule unité possible en ces temps-là.

Dans ce monde féodal on distingue trois choses, qui sont loin d'avoir le même avenir : 1° Les seigneurs; 2° les rois; 3° les communes. Ici l'alliance des communes et des rois a amené la ruine de la puissance féodale; là l'union des seigneurs et du peuple a produit une monarchie tempérée; mais de tous côtés on voit disparaître les petits États faisant place à de vastes États, et ces États eux-mêmes garantissant leur existence en entrant dans ce qu'on a appelé l'*Equilibre européen*. Voilà l'unité moderne, fruit, non plus de la force et du privilége de la race, mais de l'intelligence et de la justice.

L'intelligence, en effet, semblait parvenue, sinon à maturité, du moins à ce moment de la jeunesse qui réclame l'émancipation. La science, jusqu'ici exclusivement religieuse, tend à devenir laïque, à se séculariser. Alors l'antiquité, mieux connue qu'elle l'avait été jusqu'ici, vient provoquer un enthousiasme inouï dans tous les esprits cultivés, et prêter des forces inattendues au parti de l'indépendance. Au moment où l'on se croyait sur le point d'arriver à l'unité, rêvée par tous les bons esprits, une scission se consomma dans la religion dominante en Europe, scission qui remua profondément toutes les âmes, et eut des conséquences incalculables. La politique générale, qui commençait à naître, en fut profondément troublée, parce qu'alors on ne savait point encore se désintéresser de la question religieuse, quand il s'agissait d'intérêts purement humains. Il y eut (et n'y a-t-il pas encore?) une politique russe, une politique turque, une politique catholique, une politique protestante ; ce qui était détestable. Voilà ce qui, en secret, nous divise, et qui menace à chaque instant de troubler le repos de l'Europe. On n'avoue pas, on ne convient pas ouvertement, de peur d'être honni, que l'on voudrait faire prévaloir ses idées religieuses pour étendre sa domination temporelle. Quand on voit se réveiller le fanatisme musulman ; quand on voit le Czar, au commencement d'une campagne redoutée, invoquer la bénédiction du Ciel pour son peuple, et s'écrier : *Domine in te speravi, non confundar in æternum;* quand on voit la jalousie qui éclate entre les puissances catholiques et les puissances protestantes, on se demande comment l'union entre tous les peuples pourrait s'établir, lorsqu'il existe des causes de division si profondes. Si nous ne pouvons plus revenir à l'unité politique par la Foi, revenons-y par la science, comme nous reviendrons à l'ordre par la liberté ; ainsi s'accomplira le vœu du Christ sur la montagne : *Sint unum;* ainsi l'Idée aura définitivement triomphé de la force.

CHAPITRE XIII.

DE LA RELIGION.

Je ne sais quelle est l'étymologie du mot : Religion. Cicéron, dans le *De Natura Deorum* (II, 28), en donne une qui n'a pas eu l'approbation de Servius, de Lactance et de saint Augustin. Ce qui m'étonne peu, car elle me paraît étrange. Quel que soit le sens primitif du mot, nous devions parler de la chose, après tout ce que nous avons dit de Dieu et de l'homme. Ce chapitre est le complément naturel des précédents; il en est la conclusion.

Toute religion se compose nécessairement de deux parties : l'une tout extérieure qui consiste dans les pompes du culte et les cérémonies sacrées plus ou moins symboliques, et l'autre dans les dogmes. La vie de chaque être est toujours liée à l'existence de plusieurs êtres avec lesquels il soutient des rapports d'égalité, de dépendance ou de supériorité. Ces rapports sont variables, si la nature des êtres est changeante et sujette à des transformations de toutes sortes; ils sont immuables, si l'essence des êtres qu'ils rapprochent est immuable. Le dogme doit donc faire connaître tout ce qui touche à la nature de Dieu, à la nature de l'homme et aux rapports qui dérivent de la nature de chacun de ces êtres. Le dogme devrait être immuable, s'il exprimait bien réellement les rapports qui existent entre deux êtres dont l'essence est toujours la même. Mais, comme Dieu a été diversement connu, suivant le développement intellectuel des époques et des races, les dogmes ont varié.

Quelle est l'origine du dogme, quelle en est la valeur, doit-il cesser d'occuper, dans l'esprit humain, la place qu'il y a toujours occupée? Voilà les questions philosophiques que l'on se pose nécessairement à propos de toute religion (1).

Le sentiment religieux est un sentiment naturel éveillé par l'idée innée de Dieu, entretenu par les soins de ceux qui nous entourent dans notre enfance, par l'éducation de la famille surtout. C'est un composé de crainte et d'amour qui nous présente la divinité tantôt comme un objet de terreur, tantôt comme un objet d'affection, toujours adorable, qu'il châtie ou qu'il récompense. On comprend tout l'attrait que peut

(1) Si nous combattons quelquefois M. Vacherot, nous le ferons avec tout le respect dû à un caractère si honorable, et à un maître dont nous avons goûté, à Sainte-Barbe, l'enseignement si consciencieux et si élevé.

avoir pour l'enfant cette idée de la famille transportée à nos relations avec Dieu, et la puissante influence qu'elle doit exercer sur toute sa conduite. Plus tard Dieu nous devient moins terrible qu'aimable ; il répond à un idéal de beauté et de grâce qui nous tient sous le charme. « Nous éprouvons, dit Benjamin Constant, un désir confus de quelque chose de meilleur que ce que nous connaissons : le sentiment religieux nous présente quelque chose de meilleur. Nous sommes importunés des bornes qui nous resserrent et qui nous froissent : le sentiment religieux nous annonce une époque où nous franchirons ces bornes. Nous sommes fatigués de ces agitations de la vie qui, sans se calmer jamais, se ressemblent tellement qu'elles rendent à la fois la satiété inévitable et le repos impossible : le sentiment religieux nous donne l'idée d'un repos ineffable toujours exempt de satiété. En un mot, le sentiment religieux est la réponse au cri de l'âme que nul ne fait taire, à cet élan vers l'inconnu, vers l'infini que nul ne parvient à dompter entièrement, de quelques distractions qu'il s'entoure, avec quelque habileté qu'il s'étourdisse ou se dégrade. »

Il est un âge où ce sentiment est plus vif et plus agissant qu'à tout autre ; aussi M. Cousin, dans une théorie devenue célèbre, a-t-il divisé la vie des individus et des peuples en deux parties: l'une qu'il appelle l'époque de la *spontanéité*, et l'autre l'époque de la *réflexion*; la première enfantant les religions et les arts, l'autre, la science et surtout la philosophie. Cette origine assignée à toutes les doctrines religieuses ne me paraît pas la vraie. Cette période de la spontanéité est assurément celle où l'on adopte les idées religieuses avec le plus de simplicité, où l'on est le mieux disposé à les prendre pour règles de conduite et principes d'action. La foi, phénomène psychologique qu'il est plus facile de constater que d'expliquer, semble l'état naturel des esprits pendant l'enfance et la jeunesse. Il y a plus : de toutes les facultés, celle à laquelle elle donne surtout le branle, c'est l'imagination. Revêtir d'une forme saisissante toutes les idées, voilà l'œuvre de cette puissance créatrice. Aussi M. Vacherot a-t-il raison de faire très-grande la part de cette faculté dans les inventions merveilleuses des religions primitives, bien qu'il en exagère le rôle et l'ait en une défiance extrême. Quelque féconde que soit l'imagination, elle n'a jamais produit une religion : des mythologies, oui, mythologies différentes sous les différents climats, mais des dogmes, jamais. La spontanéité par laquelle débute la pensée humaine n'explique nullement ce que M. Cousin veut expliquer; elle est une aptitude à accueillir l'idée religieuse plutôt qu'une aptitude à la créer. Inventer des mythes, ce n'est point concevoir des dogmes. Le dogme, l'enfant ne le trouve point dans les ressources infinies de sa vive et naïve imagination, mais il le reçoit de la bouche d'autrui. L'idée religieuse, pour la majeure partie des hommes, est une idée adventice. Tous les sanctuaires un peu célèbres ont eu leurs initiés, et les mystères qui leur étaient transmis n'étaient qu'une science plus haute, c'était des dogmes.

Aujourd'hui les choses ne se passent pas autrement. On sait la peine qu'il faut se donner pour enseigner aux enfants, comme on le dit, leur religion. M. Vacherot est parfaitement d'accord avec nous contre la théorie de M. Cousin. « Le catéchisme du prêtre catholique, dit-il, l'explication du ministre protestant est encore aujourd'hui l'unique enseignement moral à l'usage de l'enfance et de l'adolescence (1). »

Ce que le prêtre, ce que le ministre enseigne est-ce un ensemble de notions dues uniquement à l'imagination populaire? La spontanéité a-t-elle suffi à produire les religions les plus impor-

(1) La Religion expliquée par la psychologie, pag. 430.

tantes que nous connaissions? Voici ce que M. Vacherot répond à cette question : « Le Christianisme en est un exemple décisif; en parcourant cette théologie si forte, si profondément métaphysique, si puissamment organisée en corps de doctrine, il est impossible de ne pas y retrouver la trace d'un *travail énergique et persévérant de la pensée*, qui n'a rien de commun avec l'intuition simple et sans effort du premier moment de l'activité intellectuelle....... On ne doute pas que la *réflexion* n'ait eu beaucoup plus de part à cette œuvre que l'inspiration naïve et le premier élan de la nature (1). »

Quelle est la valeur de cette œuvre de la réflexion? L'idée chrétienne mérite-t-elle de régner sur les âmes comme elle le fait dans les pays civilisés? voilà ce que nous sommes naturellement appelés à nous demander. Ici, le philosophe dont nous avons invoqué le témoignage nous laisse dans l'incertitude. Il revient à une thèse déjà soutenue, il y a longtemps, dans une polémique célèbre. Pour lui la Trinité chrétienne n'est pas autre chose que la théorie des *hypostases alexandrines;* on a eu beau lui montrer les différences entre la manière de comprendre les hypostases, et l'explication que donnent les théologiens du mys-

---

(1) La Religion expliquée par la psychologie, pag. 44, 45.

tère qu'ils enseignent, la discussion est revenue à ceci : Vous et moi nous comprenons les hypostases de la même façon, vous devez entendre la Trinité comme moi, philosophe.

C'est en interprétant tous les dogmes chrétiens à sa manière que ce philosophe est parvenu à leur trouver d'autres sources que la source judaïque.

Ceux qui ont lu le beau livre de M. Vacherot sur la religion ont dû remarquer avec quelle facilité il se donne gain de cause. Quand il s'agit des origines du christianisme et de ses titres de noblesse, il cite tous les ouvrages qui ont combattu la croyance générale; il les étale avec orgueil, et triomphe. Pourquoi ne dirait-il pas deux mots des écrivains qui ont essayé de répondre à cette science nouvelle qui fait si bonne justice des préjugés du passé? Quelques efforts ont été tentés pour répondre à la critique contemporaine par un collègue de M. Vacherot; ces tentatives l'auteur du livre de la *Religion* les passe sous silence : pourquoi ? — Il est vrai que c'est un collègue. Raison de plus pour en parler. Non, M. Vacherot aime mieux se taire sur M. Wallon. Mais ce silence est plus impertinent qu'une critique modérée; il a l'air du dédain? Cela pourrait être vrai pour tout autre; pour M. Vacherot ce ne peut être que de l'embarras. Au reste, quand on connaît la pensée intime de ce philosophe sur Dieu, on s'étonne de son indulgence, je devrais dire de son admiration pour le christianisme.

Quand on sait, et pour le savoir il suffit de lire la *Métaphysique* et la *Science*, quand on sait que pour lui Dieu n'est qu'un Idéal de la pensée humaine, sans 'réalité, sans personnalité, sans substance, plus pur, plus élevé et plus parfait dans sa nature idéale, que doué de tous les attributs dont notre imagination se plaît à l'enrichir et à le parer, on ne conçoit pas qu'il lui reste une ombre de respect pour une religion qui adore un Dieu vivant, qui aime et qui hait, qui punit et récompense. Voici, toutefois, ses raisons.

De toutes les religions c'est le Christianisme qui renferme le plus d'éléments vraiment humains, le plus de principes d'immortalité.

« Le Christianisme, *la plus philosophique des religions*, contient beaucoup de ces principes éternels que la science humaine ne reniera jamais (1). »

Et ailleurs : « Une *grande religion*, comme le Christianisme, contient, à côté de beaucoup d'idées qui ont vieilli, des idées éternelles que les

(1) La Religion expliquée par la psychologie, pag. 424.

principes de la civilisation moderne ne peuvent contredire (1). »

Enfin « le Christianisme est une grande et profonde doctrine (2), » qui a souvent inspiré les intelligences. Nous pourrions multiplier nos citations pour montrer combien M. Vacherot rend justice et hommage à la dernière des religions ; ce que nous venons de transcrire suffit pour faire connaître le ton et le caractère de la critique contemporaine. Il est bien entendu que le philosophe n'admet point l'origine divine du christianisme dans le sens où les théologiens entendent le mot *divin*. De là entre eux et lui un abîme. A cette profonde doctrine, née d'une, ou de plusieurs intelligences supérieures, peu importe, on a mêlé des éléments impurs, des *légendes superstitieuses*, des inventions d'une imagination éprise du merveilleux ; c'est de cet élément impur que le critique voudrait que l'on opérât le départ; tandis que l'autorité religieuse, convaincue que tout est divin, que tout est inspiré ou suscité par Dieu, veut tout retenir, et prononce un *non possumus* que M. Vacherot déclare de *beaux mots qui font honneur à la conscience et à la foi de ceux qui les prononcent* (3).

(1) La Religion expliquée par la psychologie, pag. 425.
(2)   Id.   id.   pag. 431.
(3)   Id.   id.   pag. 424.

On est logique de part et d'autre, et je crois qu'on ne peut choisir une meilleure conseillère que la logique dans tout ce que l'on fait, dans tout ce que l'on invente, dans tout ce que l'on fonde. Le philosophe que nous venons de citer en est convaincu, et veut avoir seul le mérite d'être conséquent avec lui-même. Pour lui, sans doute, il y a une logique des idées, et une logique des faits, la première rigoureuse, absolue; la seconde apparente, qui admet l'inconséquence et la contradiction. De là ce conseil singulier donné au christianisme de renoncer à la logique pure, qui n'est pas de son domaine, et d'accepter toute inconséquence qui pourrait être une condition de sa durée. « L'histoire, dit M. Vacherot, nous apprend que la logique a perdu beaucoup d'institutions, et qu'elle n'en a pas sauvé une seule (1). »

J'avoue que je comprends peu cette phrase, ce conseil. Une institution repose toujours sur un principe *relatif*, c'est-à-dire qui dépend des traditions, des mœurs, des coutumes, des habitudes d'une race et d'une époque : elle répond à un besoin, à un état des esprits ; les idées, les mœurs changent, elle n'a plus de raison d'être; une génération l'avait fondée, la génération suivante la

---

(1) La Religion expliquée par la psychologie, pag. 425.

détruit pour y substituer une nouvelle, plus en harmonie avec les nécessités du temps. Voilà ce que l'histoire nous enseigne. Faut-il voir dans cette marche des choses humaines une suite d'inconséquences, et des contradictions logiques? Je ne sais. Je trouve qu'il est très-logique, quand une institution a fait son temps et ne rime à rien, de la remplacer par une autre que tout le monde appelle de ses vœux.

Mais, si une institution répond à quelque chose d'essentiellement humain, de permanent et de stable comme le sentiment religieux; si ceux qui en veulent le maintien croient posséder la vérité sur les rapports entre l'homme et Dieu, qu'ils regardent comme immuables, il serait très-illogique de changer quelque chose à cette institution. Le Christianisme sait parfaitement qu'il est placé dans cette alternative : ou de passer pour un amas de vieilleries, soutenues par quelques entêtés, ou de se démentir de siècle en siècle, de se transformer au gré des théories philosophiques qui se succèdent en se complétant.

Entre les railleries et les impatiences des uns, et le respect des autres pour tout ce qui est ancien et immuable, il n'hésite pas. Il est un sujet de contradiction parmi les hommes; ce qui fait sa force aux yeux des uns est précisément ce qui fait sa faiblesse aux yeux des autres. Les uns le vénèrent comme une chose antique qui résiste à l'action du temps et des idées, les autres le dédaignent comme une institution surannée et vermoulue.

Le conseil qu'on lui donne lui vaudrait les sympathies de quelques-uns, s'il le suivait, mais ne lui retirerait-il pas le respect et la vénération de la foule? C'est une question de psychologie, on le voit.

Cette question nous mène tout naturellement à cette autre : Est-il bon que la religion conserve sur le plus grand nombre des esprits l'empire qu'elle possède?

A ce sujet M. Vacherot a fait un rêve tout mélancolique. La religion doit disparaître de la terre, mais à quelle époque? A une époque assurément fort éloignée. Il donne un tableau de la population des différentes religions (1), et il se dit que si le Christianisme les doit toutes absorber avant d'être remplacé par la philosophie, cette substitution pourrait se faire longtemps attendre.

Il constate qu'au XIXe siècle il y a eu une recrudescence du Christianisme, et qu'on diffère beaucoup du XVIIIe siècle ; mais ce mouvement n'a rien de sérieux; il est l'effet tantôt de la

(1) La Religion expliquée par la psychologie, pag. 349.

politique, tantôt de la *politesse.* Remarquons que c'est là une hypothèse qu'il faudrait vérifier. Et, pour cela, il conviendrait de vivre dans une autre société que celle des libres penseurs; il y faudrait vivre dans une intimité familière qui est fort rare entre gens d'opinions absolument opposées. Enfin il serait à propos de se mêler au peuple, généralement ombrageux et peu ouvert au bourgeois, pour s'assurer que la religion perd tous les jours sur lui de son autorité et de son crédit. Nous sommes tout à fait de l'avis de M. Vacherot, ce n'est pas la surface qu'il faut voir, mais le fond des choses; voilà pourquoi nous retraçons ici les règles d'une bonne et scientifique observation. Une enquête faite dans les conditions que nous venons d'indiquer, ménagerait bien des surprises au consciencieux observateur qui la tenterait.

Au nom de quoi la religion doit-elle se retirer des âmes? D'abord le mot *doit* indique-t-il une loi de la nature humaine?—C'est, en tous les cas, une loi dont la généralité est loin d'être démontrée. On nous raconte l'histoire d'un certain nombre d'esprits qui ont passé de la croyance à la libre pensée; ce sont là des faits qu'il est impossible de contester. Mais une loi de notre esprit que tant de siècles antérieurs n'ont point connue, qu'on ne pourra vérifier, peut-être, que dans des siècles, est-ce bien une loi? comment puis-je affirmer que c'est une loi?

Ensuite est-ce au nom de la liberté que doit s'opérer ce changement? On parle, il est vrai, de *servitudes traditionnelles* (1) dont il faut s'affranchir, mais ce langage tient, ce nous semble, à une confusion sur la fin de l'homme, et sur la nature de l'obligation morale. En effet, l'auteur dont nous exposons les idées a écrit ceci : « Le principe d'éducation du Christianisme est l'autorité, son moyen est l'obéissance, *son but, la vertu et la sainteté, non la liberté* (2). »

Le mot *liberté* est ici fort équivoque. S'agit-il de la liberté politique? Assurément elle n'était point la première préoccupation du Christianisme; ce qu'il voulait avant tout, c'était de former nos âmes aux plus hautes vertus et de nous préparer à une vie meilleure. Demandez à Dieu, nous dit-il, tous les biens spirituels, le reste vous sera donné par surcroît. De cette conduite il ne faut ni s'étonner, ni se plaindre; son royaume n'est pas de ce monde.

Du reste M. Vacherot sait qu'il existe une école qui a trouvé dans les enseignements de la religion chrétienne les principes du libéralisme le plus

---

(1) La Religion expliquée par la psychologie, dernière page.
(2)   Id.   id.   pag. 431.

avancé. Tout dans leur manière de voir n'est pas illusion d'esprits prévenus. Seulement le christianisme agissait tout au rebours de certains libéraux ; il voulait d'abord donner aux hommes les vertus nécessaires à ceux qui doivent vivre dans un État libre, tandis qu'il y a des gens qui réclament la liberté avant tout, sans songer aux qualités morales indispensables à ceux qui en veulent jouir (1).

Par le mot *liberté* faut-il entendre la liberté morale ? Alors, le christianisme, d'accord avec les philosophes spiritualistes de tous les temps, vous répondra que la liberté n'a jamais été, pour la nature humaine, une fin, mais un moyen ; qu'elle est un moyen d'arriver à la vertu et à la perfection. On ne peut donc pas reprocher à cette religion de n'avoir pas compris la destinée de l'homme. Ce qu'elle fait pour nous y conduire est précisément ce que fait la morale naturelle.

Est-ce donc au nom de la morale qu'il faut substituer la philosophie à la religion ?.

Voyons ce qu'elle a été dans le passé. « La re-

(1) On se rappelle ce que nous avons dit, dans le chapitre précédent, du rôle de la religion dans la politique européenne. Voici un fait qui confirme notre assertion : En 1814 la Landwehr portait sur ses shakos une croix et le nom de Dieu, et chaque soldat avait dans sa poche un manuel, à son usage, en forme de catéchisme, contenant des formules religieuses et bibliques.

ligion, qui a été jusqu'ici la grande institutrice du genre humain, a rempli cette mission à sa manière. Elle a toujours élevé les âmes, épuré les sentiments, réglé les volontés. Elle a même souvent inspiré les intelligences, surtout quand elle était, comme le christianisme, une grande et profonde doctrine (1). »

Et ailleurs : « Qui a eu, qui a encore la garde des mœurs publiques; qui a eu, qui a encore la direction des consciences, sinon la religion? Qui a eu, qui a encore surtout l'initiative de la charité privée, sinon les sociétés chrétiennes? (2) »

Voilà des témoignages peu suspects, et qui marquent bien la haute impartialité du philosophe que nous citons. Si telle a été l'influence du christianisme, si elle est encore aujourd'hui telle que vous le dites, pourquoi ne point se contenter des moyens que l'on a d'agir sur la multitude? S'il perd en ce moment de sa puissance sur les âmes, cela peut venir ou de sa vertu qui diminue de siècle en siècle, de jour en jour, ou des cœurs qui s'en détachent entraînés par les appétits et les passions. Je me demande comment une grande et profonde doctrine peut perdre cette vertu secrète qui attirait à elle tous les esprits, et les

---

(1) Id., pag. 431.
(2) Id., pag. 436.

subjuguaient sans leur retirer toute liberté. Si la faute en est aux hommes qui prêtent trop facilement l'oreille aux inspirations de l'égoïsme et du plaisir, pourquoi ne chercherait-on pas à les ramener à cette religion dont vous célébrez les bienfaits? Ne vaut-il pas mieux le faire que de se lancer dans des expériences dont les résultats sont fort douteux? Pourquoi remplacer l'enseignement chrétien par un peu de philosophie et un peu de physique? Car, voici ce que vous dites vous-même : « L'enseignement de la philosophie *peut être* supérieur à cet enseignement en pureté, en élévation, en solidité, il n'a jamais pu lui être comparé pour la *puissance* et la *généralité* des effets (1). »

On se rappelle ce mot de Voltaire à propos de la tragédie : Il vaut mieux, disait-il, frapper fort que juste. Tant mieux si l'on peut, à la fois, frapper fort et juste; mais il faut toujours frapper fort; car l'homme n'est pas seulement esprit; il est imagination et sensibilité, et la doctrine qui remplira son intelligence de grandes idées, en s'emparant de sa sensibilité et de son imagination, aura plus de chance de succès qu'une autre qui ne s'adressera qu'à la pensée pure. Notre nature est ainsi faite, et je doute qu'on parvienne

(1) Id., pag. 136.

jamais à la changer, qu'on arrive un jour à la refaire sur le patron de quelques rares esprits.

M. Vacherot reconnaît que « L'art est pour beaucoup dans l'enchantement des fêtes et des cérémonies religieuses... »

« Que ce qui est bien autrement puissant, dans l'institution religieuse, c'est la réunion..... que le grand, le puissant moteur, c'est la force de réunion, l'âme des multitudes, l'Esprit univer-sel (1). »

M. Vacherot a raison ; voilà des faits bien observés. Mais ce philosophe ne veut pas dire, sans doute, que tout le secret de la puissance des religions est là : ce serait une contradiction avec ce qu'il déclare en maints passages, surtout lorsqu'il parle du christianisme. C'est une doctrine, un ensemble d'idées métaphysiques destinées à nourrir l'intelligence ; tout le reste qui échauffe l'imagination et remue le cœur n'est qu'une aide, un auxiliaire.

Or, qui vous dit que pour maintenir dans nos âmes les principes de philosophie que l'on veut substituer à la religion on ne serait pas obligé d'avoir recours à l'art et aux réunions ? J'entends déjà crier : à l'abus, à la superstition ! Remarquons cependant que supprimer les fêtes publi-

(1) Id., pag. 296.

ques et les cérémonies sacrées c'est supprimer, du même coup, une des jouissances les plus vives et les plus pures. — L'art, me répondra-t-on, a ses solennités auxquelles accourent de toutes parts les populations; cela suffit. — C'est possible ; mais, parce qu'il y a des expositions universelles ou particulières, la solitude ne se fait point dans les sanctuaires juifs ou chrétiens ; et ceux qui fréquentent les temples et les églises ne renoncent point à se porter en grand nombre aux expositions des beaux-arts. Un de ces genres de fêtes ne peut remplacer l'autre, se substituer à l'autre. Fatiguée des travaux, des soucis, des préoccupations de la vie commune, la multitude cherche hors de ce milieu où règne la trivialité, quelque chose qui le lui fasse oublier; elle veut multiplier ses jouissances élevées, et saurait mauvais gré, je pense, à celui qui s'aviserait de les restreindre.

Quelle serait, d'ailleurs, la philosophie que l'on propose à la foule? Assurément une philosophie qui s'accommoderait peu de la pompe d'un culte et des cérémonies religieuses, puisque le Dieu qu'elle annonce est une pure idée, une catégorie de l'Idéal, placée aux confins du monde réel, Dieu de l'abstraction la plus haute, d'autant plus parfait qu'il est plus vide d'être et de substance, et qui ne peut être adoré que par des chœurs d'intelligences faites à son image. Loin donc de lui un culte où l'on ne cherche que des satisfactions sensibles et des fêtes pour l'imagination. Mais cette conception si abstraite pourrait-elle s'enseigner à la multitude, aurait-elle quelque prise sur les esprits, ne répugnerait-elle pas à tous nos instincts, à toutes les habitudes de notre pensée, *tant est profond*, comme l'avoue lui-même M. Vacherot, *le besoin d'une réalité concrète et individuelle*(1)? On peut donc ne pas compter avec ce besoin? Je m'étonne que ce philosophe qui veut faire reposer sur la psychologie toute sa théorie de la religion, en tire de pareils enseignements. Il étudie donc l'âme humaine moins pour nous la faire connaître telle qu'elle est, que pour nous apprendre à la modifier, à la transformer? Eh bien! je crois l'entreprise impossible; je crois que jamais on ne réussira à changer en elle ce qu'il y a d'essentiel et de fondamental, à la diviser, à la tronquer de façon à en retrancher l'imagination et la sensibilité, et à la réduire à n'être plus qu'un esprit pur.

Cependant, malgré le ton découragé que l'on remarque parfois dans le livre si savant et si convaincu de M. Vacherot, on voit qu'il espère

(1) Id. pag. 248.

beaucoup dans le seul moyen, en effet, de réaliser son projet de réforme. Si nous voulons que la religion se retire de toutes les intelligences qu'elle domine encore, il n'y a qu'à cesser de l'enseigner : le mot est lâché. Ce mot, il l'a gardé soigneusement pour la fin, et, quand il le prononce, il semble deviner l'effet qu'il produira sur la figure de certains lecteurs. On dirait une grande personne qui lance un pétard enflammé entre les jambes de petits enfants et jouit de leur effroi qu'il accueille avec un sourire plus bienveillant que moqueur.

Oui, la religion n'étant point chose innée, étant chose qui s'enseigne et ne se conserve dans nos âmes qu'autant que nous restons en communication avec la source dont elle émane, la religion disparaîtra le jour où il n'y aura plus personne pour en enseigner les éléments à l'enfance, je devrais dire à tous les âges. Cela est de la dernière évidence, et ceux qui l'affirment ont mille fois raison. Mais réalisez dans l'instruction publique l'idée de Condorcet, qu'arrivera-t-il ? Supposons que l'Etat dise aux familles : La religion ne me regarde plus ; nous ne voulons plus prêter à un culte quelconque l'autorité de notre protection. L'État, proscrivant alors tous ceux des siens qui ne sont pas indifférents, par con-

viction, aux religions reconnues, serait infidèle
à ses constantes traditions de tolérance, qui lui
permettent d'admettre à ses chaires toutes les
opinions et toutes les croyances, pourvu qu'on
le respecte, qu'on respecte la société telle qu'elle
est constituée, et qu'on ne pactise point avec
l'ennemi d'une institution à laquelle on peut se
faire gloire d'appartenir. Mais enfin, si l'État tenait ce langage, les parents se chargeraient eux-
mêmes de transmettre à leurs enfants les doctrines religieuses qu'ils ont reçues de leurs ancêtres, et ainsi se perpétuerait cet enseignement
que l'école refuserait de donner. Que ferait, en ce
cas, l'État? Aurait-il recours au bras séculier
pour éteindre au dehors ce qu'il aurait supprimé
chez lui? Cette mesure serait trop contraire à nos
mœurs et aux habitudes de tout État moderne.
D'ailleurs, on pourrait se trouver en présence de
résistances inattendues. C'est du côté de la femme,
surtout, qu'elles viendraient. M. Vacherot le sent
bien et le déclare franchement. Élever sa pensée
en y faisant pénétrer quelques idées générales,
développer son goût en la familiarisant avec les
beautés de la poésie et des arts, dissiper ses ter-
reurs vaines, en lui expliquant quelques-uns des
mystères de la nature, affermir sa raison de façon à la préserver de cette sensiblerie maladive

qui l'avilit, et à laisser à sa sensibilité toutes ses délicatesses ; écarter de ses manières la pédanterie, qui est le masque du savoir plutôt que le savoir ; voilà, nous en sommes persuadés, l'intention de ceux qui patronnent et de ceux qui prodiguent cet enseignement. Aussi la science pourrait bien, au lieu de détruire en elle la croyance, comme le souhaitent les libres penseurs, ne faire que lui prêter une nouvelle force.

Pour résumer cette discussion déjà trop longue, je dois déclarer que la réforme, rêvée par M. Vacherot, me semble entourée d'innombrables difficultés. Ce philosophe les voit comme moi, mais il espère que le temps et le sens commun en triompheront ; pour moi, je n'ose le lui promettre. Voilà pourquoi je ne puis m'empêcher de lui dire, au nom de la philosophie plutôt qu'au nom de la religion, que cette entreprise me paraît une séduisante chimère, une ingénieuse utopie, inventée par un sage.

FIN.

TABLE DES CHAPITRES.

Préface.. v
Introduction. — Considérations sur la Théodicée contemporaine. 1
Chapitre premier. — De nos divers moyens de connaître. — Caractère subjectif de nos premières connaissances. . 27
Chap. II. — Locke et Kant sur l'origine des idées, et surtout sur les idées de Temps et d'Espace.. 47
Chap. III. — De la notion de cause, et du principe de causalité. 74
Chap. IV. — Le principe de causalité appliqué aux données de la conscience. 92
Chap. V. — L'homme, fin de l'univers matériel. Dieu, fin de l'homme. 108
Chap. VI. — L'infini existe dans ma pensée et hors de ma pensée. 130
Chap. VII. — Dieu, ses attributs. 140
Chap. VIII. — Objection. — Comment expliquer la coexistence de l'infini et du fini ? 151
Chap. IX. — L'infini conçoit et crée le fini. — Systèmes qui nient la création. 157
Chap. X. — L'infini a créé le fini : Comment le conserve-t-il ? 175
Chap. XI. — Providence et causes finales. — Providence dans le monde physique. 198
Chap. XII. — La Providence dans le monde moral. . . . 227
Chap. XIII. — De la Religion.. 247

A LA MÊME LIBRAIRIE.

OUVRAGES DE L'AUTEUR.

ESPRIT DE LA POÉSIE ET DES BEAUX-ARTS, ou Théorie du Beau. 1 vol. in-12.   3 fr. 50 c.

DES SCIENCES OCCULTES ET DU SPIRITISME, 1 vol. in-12. 2 fr. 50 c.

Pour paraître prochainement :

L'HOMME PHYSIQUE ET L'HOMME MORAL, ou études de psychologie et de physiologie comparée. 1 vol.

ŒUVRES PHILOSOPHIQUES DE LEIBNIZ, avec une introduction et des notes, par M. Paul Janet, membre de l'Institut, professeur de philosophie à la Faculté des lettres de Paris. 2 forts vol. in-8°.   15 fr.

Ornés d'un beau portrait de l'auteur.

SYSTÈME DE LOGIQUE DÉDUCTIVE ET INDUCTIVE, exposé des principes de la preuve et des méthodes de recherche scientifique, par John Stuart Mill, traduit sur la sixième édition anglaise de 1866, par M. Louis Peisse. 2 forts vol. in-8°.   15 fr.

DE LA SCIENCE ET DE LA NATURE, Essai de philosophie première ; par M. F. Magy, agrégé de philosophie. 1 vol. in-8°, 1865. 6 fr.

Ouvrage couronné par l'Académie des sciences morales et politiques, dans la séance du 7 juin 1866, avec un prix de 2,000 fr.

Pour être mis en vente le 25 Juillet 1869 :

LA PHILOSOPHIE DE PLATON. Examen, Histoire et Critique de la Théorie des Idées, par M. Alfred Fouillée, professeur de philosophie au lycée de Bordeaux. 2 forts vol. in-8°.

Ouvrage couronné par l'Académie des sciences politiques, avec un prix de 5,000 francs.

DE L'ESPRIT MODERNE AU POINT DE VUE RELIGIEUX, par M. Lefranc, professeur de philosophie à la Faculté des lettres de Bordeaux. 1 vol. in-8°.

SAINT-CLOUD.   IMPRIMERIE DE Mme Ve BELIN.

www.ingramcontent.com/pod-product-compliance
Lightning Source LLC
Chambersburg PA
CBHW050654170426
43200CB00008B/1287